L'EUROPE GALANTE

Né en 1888 à Paris, Paul Morand grandit dans un milieu cultivé. Oxford et l'École des sciences politiques complètent sa formation. Il commence en 1913 sa carrière diplomatique, prend vers 1926 un congé qu'il passe à voyager et rentre en 1932 dans les cadres où il reste jusqu'en 1944. Il est ambassadeur à Berne quand la victoire alliée l'oblige à s'effacer.
Après des poèmes publiés en 1919 *(Lampes à arc, Feuilles de température)*, réédités en 1973, il conquiert une réputation internationale avec *Ouvert la nuit* et *Fermé la nuit* (1922, 1923). Le succès de *New York* (1930) l'entraîne à tracer le portrait de *Londres*, puis de Bucarest comme il a dépeint *L'Air indien* et *La Route des Indes*.
Entre autres titres, citons aussi une *Vie de Guy de Maupassant, Magie noire, L'Homme pressé,* une biographie de *Fouquet*.
Élu à l'Académie française en octobre 1968, Paul Morand est mort en juillet 1976.

PAUL MORAND

CHRONIQUE DU XXe SIÈCLE

L'Europe galante

GRASSET

« Nous sommes très portés à croire que c'est à un commencement d'asphyxie qu'il faut attribuer les sensations voluptueuses que plusieurs individus paraissent avoir éprouvées récemment... »

(FOURCROY, Sur l'oxyde d'azote.)

LA GLACE À TROIS FACES

I

Nous nous retirâmes dans un petit salon, à l'écart du bal et du souper. Je disposai les jeux en éventail. Belle et calme comme une église, Pearl s'assit en face de moi et choisit treize cartes, puis sept. Je ne savais rien d'elle, mais elle était si satisfaisante que je lui inventais au fur et à mesure une destinée. En ne me laissant guère parler, elle me facilitait la tâche. Pour finir, elle vanta ma lucidité et mes dons de cartomancien.

« Sept de trèfle, suivi de ces deux valets noirs : vous valez mieux que votre condition.

— Je suis de bonne naissance, dit Pearl. Mes parents, industriels puritains du Lancashire, m'élevèrent sans miroir, me faisant croire que j'étais laide. Quand j'eus seize ans, je me donnai à un chauffeur : je pensais lui faire un pauvre cadeau. Je dus l'épouser. Mais il buvait et n'entrait dans mon lit que pour y vomir. Je divorçai et montai sur la scène.

— Vous avez alors connu des moments difficiles ?

— En 1921 ; il y a quatre ans. J'habitais, rue des Martyrs, un petit hôtel fréquenté par toutes les figurantes et les illusionnistes des music-halls d'alentour. Au-dessus de moi, retombaient les trapézistes à l'entraînement. (Que de chutes pour devenir légers !) Les chiens savants aboyaient leurs leçons. Il y avait, dans les waters, de ces colombes, si pures, qui sortent des manches. Parfois, à la fenêtre, apparaissait une tête jaune : c'était la petite fille d'une tribu d'acrobates japonais qui travaillaient dans la cour ; elle formait le sommet de la pyramide familiale ; quand sa figure plate atteignait mon deuxième étage, elle me souriait.

— Bientôt, votre situation s'améliore...

— En octobre. Grâce à mon entrée du *trois* dans la revue du Casino. Vous vous rappelez ?... Cette fameuse robe de tulle framboise, le torse nu, au blanc de perle, les deux seins fardés et un chapeau haut de forme enfoncé sur les oreilles, avec des touffes de cheveux blonds, si blancs ! Ce n'est pas que je regrette maintenant d'être brune. Tout Paris en parla.

— À cette époque un homme entre dans votre vie.

— Comment savez-vous ça ? Il y est encore...

— J'allais vous le dire.

— Je l'aime, n'est-ce pas ?

— En êtes-vous bien sûre ?

— Oui ; il a toujours agi avec moi correctement ; plus correctement que je n'aurais attendu d'un étranger, d'un Français.

— Tient-il à vous ?

— À sa manière. Mais cette manière n'est pas la mienne. D'abord, il pense trop.

— On finit par s'habituer aux gens intelligents.

— Vous, peut-être. D'ailleurs, il est pis que cela : c'est un génie. Une super-nature. Personne ne peut suivre sa conversation sophistiquée. Comme les génies, il est toujours en retard, mal habillé, mal rasé, et dès qu'il se met au lit on l'appelle au téléphone. Rien ne lui est impossible. C'est Aladin. Ses mains s'ouvrent ainsi que des cornets-surprises. Il comble tout le monde de cadeaux. Alors, c'est comme si il ne m'en faisait pas. Par des voies inconnues il m'envoie des fleurs qui tombent chez moi ; comme des bombes. C'est un "artiste".

— Huit de cœur. Il est calme et doux.

— Il sait être violent et cruel. Il me dit que je suis aussi démodée que mon prénom. Me voilà jalouse. Chaque fois que je nomme une femme, il croit me rassurer en disant : "C'est déjà fait. Je connais le parcours." (Il emploie ces termes de sport et pourtant il n'est pas brillant cavalier.) Il m'explique que pour sa santé, son équilibre moral, il a besoin de plusieurs femmes. Il n'aime personne et plaît à tous.

— Près de vous — roi de cœur —, il éprouve ce que chaque homme, même un tireur de cartes, doit éprouver.

— Ses exigences physiques sont invraisemblables. Est-ce que tous les Français font ainsi ? Lorsqu'il a des loisirs, il lui arrive de me prendre plusieurs fois dans la même journée, à des heures, dans des endroits, dans des positions impossibles et en hurlant. Je ne sais où il va chercher tout ce qu'il imagine. À table, ce sont de fréquentes allusions aux parties sexuelles devant les domestiques. Il m'appelle sa descente de lit. Puis, pris de dégoût, il s'écrie : "J'en ai assez ! Voilà vingt ans que je vis à l'ombre de cet arbre, que je vois l'heure à ce cadran solaire !" Il est vulgaire. Je le crois d'une origine assez commune.

— Ce rentré de piques annonce entre vous des difficultés.

— Naturellement. Au moment où chacun me croit affranchie, je renonce à toute liberté. Je n'aurais jamais cru qu'un homme pût payer pour votre éducation, vous emmener voir les cathédrales, vous offrir une Hispano-mauresque et cependant vous rendre la vie intolérable. Comme toutes les

Anglaises, je passe pour intéressée ; c'est lui qui vit à mes dépens, aux dépens de ma santé, de ma résignation. Son cynisme s'oppose à tous les bons sentiments.

— N'est-il pas jaloux ? Ces deux trèfles...

— Il déclare qu'être jaloux, c'est avoir peur. Il croit qu'on ne peut tenir à lui que par intérêt. Quand je lui dis : "Je t'aime", il me répond : "Qu'est-ce que tu veux ?" Si je suis remarquée dans un endroit public par un homme ou par une femme, il leur fait porter par le chasseur un mot dans ce goût-ci : "Pearl vous plaît ? elle est à vous", et sur sa carte de visite il rédige un *bon*. "*Bon pour une séance de...* (cela varie)... *avec Pearl.*" Tyrannique, il me prend le nez dans une pince à sucre, me mène à un cabinet particulier et, sur l'heure, assiste à l'exécution de la commande. Je me livre en pleurant ; il rit. Vous avouerez qu'on peut ne pas toujours aimer ça.

— Je serais curieux d'apprendre son nom.

— Quelquefois, dit Pearl, on confie à quelqu'un une lettre scellée ; le porteur ne sait que le nom du destinataire et rien du contenu. Moi, je vous ai dit tout ce qui, à l'intérieur, est écrit. Ignorez l'enveloppe.

— Le connais-je ? »

Pearl sourit.

« Demandez aux cartes. »

II

« *Les vendredis de Mlle Athalia Roubinovitch, sculpteur.*

« *Sculpteur infiniment, mystérieusement. Artiste qui aux foules se dérobe ; se refuse au tam-tam de la critique ; fuit le brouhaha des salons. Artisan difficile qu'il nous faut aller dénicher dans sa retraite de Passy. Mlle Roubinovitch, comme tous les grands classiques, œuvre en se cachant. Sachons la mériter.*

« Elle sculpte virilement, oserai-je dire. Rien d'étriqué dans ces masses, dans ces plans construits, évocateurs terriblement. Auprès d'elle l'âge pélasgique n'est que rococo. Ses vendredis, jours de Vénus, sa féminité, Athalia Roubinovitch les réserve pour ses amis. Délicat accueil, et combien rare ce décor où l'on prend le saké *— la charmante en kimono —, sur une table de laque rouge, à la clarté de candélabres à sept branches. Sièges bas. — Cigarette ? On cause. — Artistes préférés ? — Giotto ; Ingres ; Picabia. — Recherches ? — Vers la sphère, par la spirale. — Expositions ? — Au printemps. — Où ça ? — Rosenberg. — Bravo, nous irons tous ! s'exclament les familiers du logis : Lady Deutsch, duc d'Armor, princesse de Mésagne-Estradère, Mrs. Witty de Ploërmel, comtesse Pieretto, M. Henri Jean-de-la-Fontaine. Mlle Marquita Camille-Desmoulins, baron Brosse, etc., etc. »*

Signé : PENCIL.

Cette intéressante « interview-express » d'un quotidien mondain n'aurait pas suffi à m'attirer chez Mlle Roubinovitch si le hasard ne m'avait fait la rencontrer. Je découvris en elle une personne plus authentique que sa sculpture et qui valait mieux que son atelier.

Athalia a été conçue en termes obscurs par des parents misérables. Son père a vécu incompris et est mort fou. Sa mère, qui habite avec elle, est une sorcière fardée, la bouche comme un marécage insalubre, les cheveux comme une chaise dépaillée, l'œil complice, malgré ses mains en oraison. On voit de ces vieilles à Berlin, dans la salle d'attente de quatrième classe, à la gare de Silésie. Elle est toujours derrière les portes. Elle vous ouvre d'un air soupçonneux, en vous regardant de haut en bas, puis de droite à gauche, et comme on dit en Orient de ce double regard juif : faisant avec ses yeux le signe de la croix. Elles sont parties de Stanislau, il y a deux ans, à pied. Elles ont pénétré en France par l'est, n'approchant Paris que peu à peu. Dans la journée, elles se promenaient avenue des Gobelins avec des robes de soie, et la nuit elles rentraient coucher dans leur cabane en boîtes à savon de la grande zone. Athalia s'adaptait facilement aux quartiers. À Montrouge, elle vendit des bouteilles vides ; à Denfert-Rochereau, elle se vendit elle-même ; à Passy, elle vend la sculpture qu'elle a apprise en passant à Montparnasse. Derrière elles, près d'arriver, s'étagent sur les routes d'Europe des frères, des sœurs, des oncles, toute une famille de bandits cachés dans les cavernes des grill-rooms, armés de seringues de Pravaz, ces modernes tromblons.

Mais Athalia n'est pas plus responsable de sa famille que de ses folies.

La première fois que je me rendis chez elle, je la trouvai en pleurs. Calmée par les larmes, dépouillée de sa panoplie de suicides dans les bains, de fleurs empoisonnées, d'insomnies et de voyages extravagants, il restait une femme qui mérite qu'on l'écoute et peut-être qu'on la plaigne.

« Tout est fini, dit-elle. Vous arrivez bien. Je suis ivre de tant de calices lampés. J'ai rompu avec mon amant une dizaine de fois. Tant de grandes amours commencent ainsi ! Après chaque expérience, une nouvelle raison de nous ménager tombe à terre et nous nous étreignons plus nus. Et, cependant, nous sommes pleins d'amour l'un pour l'autre. Tous les jours je reçois de lui un mot passionné, et je le porte au fond de moi-même. J'aurai le dessus. Il n'en peut plus. C'est d'ailleurs quelqu'un d'assez faible. En amour, très vite fatigué. Une sorte d'enfant chétif. "Quand il fait noir, j'ai plus peur dans tes draps que dans les bois", me dit-il. Comme il est oisif et paresseux, il reste ici des journées entières, sans parler de mon hospitalité de nuit. Il ne trouve pas le temps long, bien que je sois ennuyeuse. (Mais si !) Moi, je ne pourrais pas vivre dans la compagnie de gens supérieurs. Je suis orientale ; il me faut des parasites, des parents pauvres, de plus gueux que moi, aux yeux de qui je prenne toute l'importance à laquelle j'ai droit. J'ai de grands besoins. Lui n'a besoin que de moi.

— C'est avoir de grands besoins...

— ... Plutôt intelligent. Cultivé — ah ! soigneusement cultivé ! Marqué par les jésuites. Il aime ses habitudes. (Aujourd'hui, c'est cher.) Tout ce que je lui dis, il le croit. Je ne doute pas qu'il me soit fidèle.

— Je comprends mal, vraiment, pourquoi vous l'aimez ?

— Parce qu'il est mon contraire, tout ce que je voudrais être. Nous sommes aussi différents l'un de l'autre qu'une grimace d'un sourire. En tout ce qui peut s'acquérir, je lui suis supérieure ; mais pour le reste ? Il est bon, il est sensible, il est sentimental comme un Parisien. Il est calme, maître de lui, fier de ses "réflexes" — c'est son mot —, sans inquiétudes sur son hérédité, soutenu par sa caste. Je le crois d'une haute naissance. Pas excessivement riche ; beau et élégant. Brillant cavalier. Sa nationalité est avouable. Il ne comprend rien à ma sculpture. Il n'y a pas un seul fou dans sa famille. Il peut s'avancer sans voir fleurir autour de lui les antipathies. Tout est borné en lui, sauf la conscience. Il n'est ni impie ni séditieux ni tyrannique. Son cœur ne se partage pas, ainsi que les nôtres, entre un roi gras qui se vautre et un prophète qui maudit. Je sens déjà que je lui pardonne...

— Parlez-moi encore de lui. »

Elle fendit ses yeux, mi-clos comme des meurtrières :

« Que vous importe puisque vous ne le connaissez pas et puisque je vais peut-être me donner à vous... »

III

Il y a des femmes qui ne livrent rien d'elles-mêmes. Elles ont le physique cérémonieux, contraint, les pieds en dedans, les pouces rentrés à l'intérieur des paumes, un nez tragique, la bouche étroite comme un ruban de Légion d'honneur.

Lucie est gonflée, voluptueuse, sociable, succulente à voir et si molle qu'à chaque instant on a l'impression de la posséder. Pour vous répondre, elle ouvre les jambes. Et cependant il est impossible de rien tirer d'elle. Elle est plus fermée qu'une jeune fille, qu'un prêtre. Le secret professionnel. Elle tient ses songes sous clef. Personne n'a jamais réuni contre elle de preuves ou commencements de preuve. Elle ment quand il le faut. Quand elle ne veut pas parler, elle fait monter un rire grinçant comme une poulie. Ni la poste, ni le téléphone, ni une femme de ménage renvoyée, ni une amie chérie ne l'ont jamais trahie. Elle ne cède ni aux pleurs, ni au clair de lune, ni au besoin. Elle vit seule et pauvre en banlieue, dans une maison qui sent le civet — un salon en noyer façon Louis XV et aux murs des vide-poches, forme pantoufle, en coquillages. Elle a une lésion au poumon, dont elle va mourir. C'est une petite ouvrière française, simple, modeste et sévère. Si elle goûte, elle casse son biscuit au-dessus de sa tasse ; boit en levant le petit doigt. Elle vous quitte d'un « au plaisir », et lit les romans en pensant : « Comme c'est bien dit. »

Moi qui attire — sans rien avoir pour cela que de grandes oreilles — les confessions et qui, l'âge aidant, suis devenu une sorte de muse des aveux, de Lucie je n'obtiens aucun son. Il n'est rien tel que ces visages ouverts, ces corps malléables, pour ne se donner jamais. Les femmes, c'est le triomphe du mou. Un jour, cependant, je la tiens si près de moi que, pour se dégager, elle m'avoue la douceur qu'elle éprouve à être fidèle.

« À qui ? Pourquoi ne me parlez-vous jamais de lui ?

— Parce que, de lui, je ne sais rien. Je l'ai rencontré, par hasard, dans la rue. Il est le maître. Je l'attends toujours. Il a des chemises tout en soie (pas seulement le devant). Il ne fait pas l'amour avec son chapeau sur la tête. Il a des gants lavables. Il ne fume pas au lit. Il est pâlot, comme les riches. Chaque fois qu'il vient, il veut des serviettes propres. Il me dit que je ne suis plus pauvre ; je voudrais le croire, mais je l'ai été si longtemps et si durement que je le resterai toujours : quand je tombe malade, malgré moi je vais à l'hôpital. Il est parfois des mois sans venir. Que sa volonté soit faite ; sa terrible volonté.

— Pourquoi avez-vous cédé ?

— Pourquoi ? Il me désirait avec une telle force que cela m'épuisait de résister. On ne sait que lui dire, il a réponse à tout.

— Et encore ?

— Rien. Je chante parfois : *Quand on est amou-*

reux, on est toujours heureux. Nous nous sommes juré d'être absolument l'un à l'autre. Je ne sais qu'une chose, c'est que, dans sa vie, il n'y a, il n'y aura que moi. Oui, je suis heureuse. Mon instinct ne me trompe jamais. Mon pauvre... »

IV. Épilogue

Il avait été mon ami. Je ne l'avais plus revu depuis des années.

Je le trouvai, ce matin de décembre, couché sur un des côtés de la route de Quarante-Sous. Un martinet qui volait bas était venu le frapper, comme une pierre, entre les deux yeux. À cent trente à l'heure, il avait perdu connaissance et lâché son volant. Maintenant il se mourait. Son sang abondant se perdait dans la terre noire des labours d'automne, car le pare-brise lui avait ouvert la gorge. Avant d'expirer, il me pria, d'une voix courte, d'aller annoncer la nouvelle aux trois noms qu'il me donna: c'était ceux de Pearl, d'Athalia et de Lucie.

Ainsi j'appris d'un coup que ces aveux reçus de trois femmes ne cachaient qu'un homme et que cet homme c'était lui. À ces trois airs chantés dans le vide, un même ténor répondait; plaintes si diverses qu'il les fallait plutôt penser adressées à divers amants, les plus dissemblables qu'à un seul.

Aujourd'hui encore, au souvenir de ces récits, il m'arrive de croire que j'ai eu trois amis et qu'ils ont été tués tous trois par une hirondelle.

LE MUSÉE ROGATKINE

De même que l'hôtel Savoy à Moscou, l'hôtel de l'Europe à Leningrad est à peu près la seule maison réservée aux étrangers. Jadis, en Russie, on appelait tous les étrangers des Allemands, il suffirait de dire aujourd'hui : des Européens. Nous-mêmes, de tous les pays, nous nous trouvions un air de famille : la famille capitaliste, à laquelle on n'est plus très fier mais, malgré tout, assez heureux d'appartenir ; on nous distinguait par un certain goût de la vie, le haut parler, le rire, moins d'avenir peut-être dans les yeux, mais plus d'esprit d'entreprise dans les mains. Si la lutte se relâche et que les deux régimes subsistent à côté l'un de l'autre, on peut imaginer — tant ils sont inconciliables — qu'un jour les étrangers auront dans les villes russes leurs quartiers, leurs concessions, leurs fournisseurs, autour de leurs légations.

À l'hôtel de l'Europe, les garçons ont gardé leur uniforme blanc de jadis ; il n'est que moins blanc et ils n'ont plus leur belle ceinture de soie cerise — gondoliers des neiges. Le bar est vide et si par hasard un repas fin est servi, c'est dans les chambres, à l'abri des regards de la police et du fisc : il ne se révèle que par le seau à glace dans le couloir. Telle quelle, cette auberge était notre refuge. Nous voulions ne pas nous éloigner de la dernière cave d'une ville qui a eu les plus prodigieuses réserves de vins du monde ; celles du Café Royal de Londres ou du Café Lafayette de New York ne venaient qu'après.

Boulard — son enquête économique en Russie lui laissant ce matin-là des loisirs — entra dans ma chambre pour m'annoncer qu'il avait découvert, la veille, un vieux médoc qu'il ferait bon boire à déjeuner. Il n'en coûterait que cent francs la bouteille. Il fallait profiter de l'occasion.

Nous sortîmes, pour quelque appétit. Sous l'influence d'un vent baltique, il dégelait ; l'eau suintait au long des murs, tombait des toits. Le sol se liquéfiait, et la débâcle ajoutait encore à l'immense abandon de cette ville, peut-être la plus belle d'Europe.

En dehors de l'ancienne Perspective Nevsky qui gardait, du moins à de certaines heures, un peu d'animation, les avenues de Leningrad bordées de canaux, succédaient aux places, et les places aux rues sans boutiques ou aux boutiques sans autre achalandage que du livre et de la brochure de propagande. Partout, ces concordances fuyantes, parallèles soulignées de neige, ces alignements de palais Empire, vert amande, « ornés, disait Stendhal, avec une volupté charmante », ces temples jaune d'or, Parthénons polaires relevés de stucs pâles dans le goût glacé des Thorwaldsen, ces hautes architectures de style Élisabeth Pétrovna, rocailles italiennes de cérémonie, ces chancelleries couleur sang de bœuf se rendant les honneurs, ces académies catheriniennes framboise, les grâces pétrifiées de Bernins suédois aux badigeons rosés, ministères à jamais abandonnés par la bureaucratie tsariste et par la nouvelle administration communiste, plus souveraine encore, désormais installée à Moscou. Béants, les arcs de triomphe, comme des ponts ruinés par un péage excessif. Des chiens à échine basse lavaient les colonnes corinthiennes ; dans toutes les acanthes charcutées par les balles des mitrailleuses se découpaient des étoiles blanches ; des passants marbrés de froid, ombres silencieuses à base de caoutchouc, cisaillés par une neige contraire, étaient faits de la même matière que les murs. Le crépi se décollait jusqu'à hauteur d'homme et les maisons mouillées comme des vannes d'écluse restaient sans ravalement ou, comme on dit en russe, « sans remonte ». Les cheminées ne jetaient plus que le papier noirci des correspondances brûlées, les portes étaient doublées de fer oxydé et ne s'ouvraient pas volontiers, condamnées à mort dès que la nuit tombait — les conversations ayant lieu à huis clos. Sous un ciel bas, des statues équestres verdissantes comme les fromages de Stilton, caracolaient au bout des horizons, sans réussir à les sauter.

Nous allions jusqu'aux vieux quartiers bataves, de l'autre côté de la Néva — qui elle-même, avec sa glace rompue, semblait en ruine —, là où Leningrad est pareille à une ville hanséatique abandonnée par le flot. Cette « fenêtre sur l'Europe », personne n'en nettoyait plus les carreaux. Lentement, on sentait pourrir sur ses cent mille pilotis, comme avaient pourri les cent mille ouvriers que Pierre le Grand y avait sacrifiés, cette ville suppliciée, s'effondrant dans la tombe boueuse du delta.

« Ce n'est pas Venise, dit Boulard, c'est Ravenne.

— Dites comme Wells : Pæstum. »

Nous nous consolions : où est l'emplacement de Babylone, plus grande que Paris ?

« Il n'y a pas que le médoc, dit Boulard. J'ai découvert aussi un musée étonnant ; du côté de l'île Vasili-Ostrov, sur les quais. En Russie, il y a une telle poussière de nouveaux musées qu'on désespère de les connaître tous. Figurez-vous un rez-de-chaussée encombré de divans orientaux, de coussins dorés, de tapis de sérail, de lampes de mosquée. Toute la laideur de l'époque Fromentin et Verechtchaguine. On s'apprête à s'enfuir ; mais le gardien insiste et, d'un coup, dans les salles du fond, une prodigieuse collection de métaux précieux anciens, bijoux grecs, gréco-scythes, ornements funéraires, émaux translucides, armes, de quelles conquêtes ? »

Je laissai monologuer ce vieux slavisant.

« Personne ne sait d'où cet art primitif vient et même où il fut élaboré. Et dire que les Goths nous l'apportèrent et que tout notre art médiéval en découle ; avouez qu'il y a de quoi être curieux.

« Et puis, ce qui est passionnant, c'est de penser qu'entre cet art scythe, très raffiné, et l'art primitif russe, huit siècles s'écoulent, dont personne ne sait plus rien, dont il ne reste ni un texte ni un monument. Sauf des idoles, ces étranges *babas* de pierre... Mais pour la Russie, qu'est-ce que huit siècles ? »

Nous en vînmes à parler du retour au paganisme de certaines régions de l'U.R.S.S. à la suite de la déchéance du sentiment religieux.

« Est-ce que le rameau d'or va repousser ? »

Boulard tira de sa poche deux papiers, en souriant :

« Voici qui vous répondra.

« Je lis dans la *Pravda* du 10 juin 1924, le rapport d'un ouvrier, correspondant d'un organe de province intitulé : *La Steppe soviétique*. Il raconte la façon dont le fils d'un paysan, nommé Anchine, fut traité par une sorcière. Il était tombé malade, et les parents s'adressèrent à une femme qui dans le pays passait pour se livrer à la magie. Celle-ci, après avoir examiné le petit, déclara qu'il n'y avait d'autre moyen pour le guérir que de le mettre dans un four bien chaud. De retour à la maison, la mère chauffa le four, plaça son fils sur une pelle et l'enfourna ainsi qu'un pain… Aux cris poussés par la victime, la sœur accourut, mais lorsqu'elle ouvrit la porte du four, il était déjà trop tard, Vaska, l'enfant, avait cessé de vivre. La mère accourut à son tour et constata que Vaska était cuit.

« Ce n'est pas tout, ajouta Boulard. Voici une coupure des *Izvestia*, du 17 août 1924 :

« "Une expédition, dite de colonisation, organisée par le gouvernement soviétique vient de découvrir à l'est de Leningrad, sur la ligne de Vologda, et à cent cinquante verstes environ de l'ancienne capitale russe, des adeptes d'un culte païen. Dans la région des forêts du district de Tikhvinsk, les habitants offrent en sacrifice, à leur idole, le sang d'animaux égorgés. Les chants accompagnant ces sacrifices ont été recueillis par les ethnographes de la Société de géographie de Leningrad." À envoyer à Sir James Frazer. »

« Ce détour me ramène directement au musée Rogatkine, dit Boulard.

« Intéressé par cette collection prodigieuse, je demandai à un de mes amis qui travaille au Narkompros, c'est-à-dire au Commissariat de l'Instruction publique, à qui avaient appartenu ces merveilles et comment il se faisait que le propriétaire n'avait pu les faire s'envoler vers les États-Unis.

« "Apollinaire Rogatkine, me fut-il répondu, est en Sibérie, condamné à la colonisation forcée, du côté d'Omsk."

« En insistant davantage, j'appris ceci :

« Apollinaire Rogatkine était un vieil original d'une soixantaine d'années, cultivé, riche, très avare, claustré dès 1917 dans sa maison de bois du quartier Vasili-Ostrov — une des rares qui soient encore intactes. Il était vaguement connu pour ses fouilles en Crimée et en Chersonèse, mais on ignorait qu'il possédât des trésors. Il n'avait jamais eu d'ennuis avec son Comité de maison, et comme il se coiffait volontiers d'une casquette kaki et ne donnait aucun signe de luxe extérieur ou d'aisance, il n'avait pas été inquiété. Il passait pour très affaibli mentalement. Il vivait seul, au milieu de ses collections, avec une vieille gouvernante, une paysanne de Vologda, qu'on disait sa maîtresse. Cette femme était finnoise, laide, ronde, avec des pommettes saillantes, des yeux mauvais et bridés, une figure de vieux marchand de Shanghai. Elle venait de cette frontière russo-finlandaise où cinq siècles de christianisme ont entamé à peine les populations. Elle ne sortait que la nuit, pour aller faire son marché, d'où elle rentrait avec un panier bourré, longeant les murs et effrayant les enfants qui revenaient à cette heure tardive de leurs clubs politiques. Tous deux vivaient dans ce repaire, perclus de rhumatismes car la Néva coule sous les fondations, immobiles comme des coraux.

« Ce fut une femme de ménage qui les dénonça au Guépéou — la Sûreté générale — moyennant une bouteille de bière. Elle travaillait en journée chez Rogatkine, une fois par semaine, pour faire la lessive. S'étant attardée un soir, elle sentit une odeur de chair brûlée : elle eut la curiosité de pénétrer dans la partie la plus reculée de l'appartement et de regarder par le trou de la serrure du cabinet de M. Rogatkine, dont l'accès lui avait toujours été interdit.

« D'après sa déposition, la pièce était éclairée

de cierges. Le maître et sa gouvernante se trouvaient là, tout nus. Le vieillard avait couronné d'épines sa perruque. Devant la cheminée allumée, elle vit, pendus à des fils de fer, douze chats noirs, morts, enduits de pétrole, et qui commençaient à brûler par le bas. Chacun d'eux portait autour du cou un écriteau sur lequel, en gros caractères, se lisait le nom d'un des commissaires du peuple. Il y avait un chat Tchitcherine, un chat Lénine. M. Rogatkine tisonnait le feu avec une vieille épée. Sa compagne dansait sur place une danse sauvage et récitait des incantations contre les dirigeants soviétiques.

« La femme de ménage avoua que, d'elle-même, elle n'aurait pas osé dénoncer ses maîtres, tant elle redoutait les sorcières, mais la mort de Lénine étant survenue dans la semaine, elle avait été poussée par son mari à faire cette déclaration.

« M. Rogatkine et sa gouvernante furent arrêtés. La maison fut nationalisée et devint un musée de quartier. Quant à la femme de ménage, elle fut blâmée, pour avoir ajouté foi à ces contes d'enfant. L'instruction l'obligea à suivre des cours, où on lui enseigna que le démon n'existe plus et que le surnaturel n'est que du naturel pas encore expliqué. »

À vous qui — un de ces jours fréquents où vous aimez à donner — m'aviez remis quelques-unes de ces lettres en disant « d'en faire une histoire ». Les paysages, les personnages et la fiction qui constituent les autres lettres ajoutent peu à cette aventure et me permettent à peine de vous offrir

LES PLAISIRS RHÉNANS

Quand Francine est venue rejoindre son mari à Essen, l'occupation française de la Ruhr durait depuis plusieurs mois. Francine arrive de Paris avec du vent dans la tête, des gencives pâlies, des toilettes inutiles, beaucoup de disques et de chansons nouvelles pour chasser les souvenirs anciens. Elle tombe en plein front — cinq ans après —, dans une atmosphère de malheur organisé qui la met d'emblée en déroute, et d'assez méchante humeur. Elle partage l'existence militaire-administrative d'Hervé, ses travaux d'ingénieur et ses repas aux tables d'hôte du *Kaiserhof*, puissante auberge du centre de la Ruhr, palace germanique réquisitionné par la mission interalliée de contrôle des usines et des mines. Dans une salle à manger en Louis XVI aggloméré, il y a la popote en commun avec des chefs de gare de Castelnaudary, la serviette au cou, des fonctionnaires des douanes en retraite, repris par le service, des experts belges, des contremaîtres alsaciens, des officiers avec leurs maîtresses. Distractions : passage badin d'acheteurs de coke, d'envoyés spéciaux de la presse de province ; le soir, la sciure de bois balayée, des bals de dactylographes.

La chambre de Francine donne sur des rues pavées, d'une tenue municipale un peu relâchée, plantées de sans-travail et de Polonais en chiffons, coincés entre des piquets d'infanterie de marine et des patrouilles de Sénégalais. Les pauvres gens s'en vont au carreau des mines voler du charbon, et, une automitrailleuse montrant sa coupole au coin de l'avenue, s'égaillent entre les crassiers noirs et roses. Quand Francine sort, pour prendre de l'exercice, elle est persécutée par le même spectacle : la Ruhr, étirée sur plus de cinquante kilomètres, d'Essen à Dortmund, par Bochum. À aucun moment, elle ne peut s'évader de ce défilé industriel. Tantôt dans la lumière, tantôt à contre-jour, en négatif, ce sont les mêmes horizons, çà et là cassés par des clochers sans fumée et des cheminées sans Dieu. Le ciel, offusqué par des nuages d'un gris de carême, marchant à des vitesses différentes, coulissant, dirait-on, les uns sur les autres, arrive, en cette fin de septembre, à se nettoyer et, avec l'aide d'un vent hollandais, à sortir vainqueur, vers le soir. Dans cette soudaine dévastation, la nature n'apparaît plus qu'au fond des jardins ouvriers : des choux, des tournesols, des raves livides, enduits d'un soleil mouillé.

Décès des usines. Tout un appareil immobile de ruine et de rouille. Les mines, avec leurs câbles de descente frappés d'interdit, les hauts fourneaux éteints, ces chantiers encombrés de wagons dénoués, ces tuyaux de fonte, ces rails au kilomètre, cette ferraille répartie en lots par les Alliés et numérotée à la craie, toute cette stérile parure des séquestres noircit un optimisme naturel. « Ici rien n'est joli », pense Francine. Voilà son âme française dépaysée.

Essen, 25 septembre 1923. — Mon Dieu non, je ne suis pas la Parisienne qu'aucun autre spectacle que Paris ne doit toucher. Je peux vivre sans les Galeries Lafayette. Je ne suis plus une gamine. J'ai eu avec Paris, dans les derniers mois, trop de démêlés et assez de mauvais rapports pour qu'il me soit possible de m'en éloigner. Et puis qu'avons-nous à faire, indigènes sans monnaie-or, à Paris, cette foire pour Américaines ? En France, j'ai l'impression de vivre dans un pays conquis ; en Allemagne, du moins, je suis dans un pays libre.

Ici, ce n'est pas « folichon ». Les champs ! voilà mon regret.

À mon arrivée, Hervé m'a fait l'accueil fidèle et hâtif qu'il me réserve à chaque rencontre. Mon mari, c'est le meilleur de mes amis, mais le plus pressé. Il me comprend, s'adapte trop bien à mon humeur, s'accommode de tout, cherche d'infinis prétextes pour n'avoir pas à me blâmer et chaque jour appareille vers son travail ou son plaisir sans que je m'y trouve mêlée. La liberté, ce n'est pas si agréable que je le croyais jadis ; cela se fane dans nos mains. Hervé est un garçon d'une grande intelligence, d'une agréable société — même sans qu'il s'en donne la peine —, mais il a cette mauvaise santé, ce scepticisme flexible et jaune des Européens qui ont vécu longtemps sous les tropiques. Toute sa vie, il restera ce qu'il est : un Occidental ardent, débrouillard, le créateur des Houillères du Tonkin et un habitant d'Hanoi, victime de sa puissance, de son foie, de son caractère bizarre et de quelques mauvaises habitudes. Il a accepté cette vie à la *Micum* (Dieu ! ce nom de médicament !), ce poste d'inspecteur des charbonnages allemands parce qu'on lui a promis une commanderie à la fin de l'année, mais sans goût, sans foi dans cette mission. Hervé, malgré ses tempes blanches, est un artiste qui aime créer, admirer ; ce n'est pas un inspecteur de séquestre.

4 octobre. — Ce soir, Hervé m'apprend, en rentrant, une bonne nouvelle. Nous quittons Essen et allons habiter, pour quelques semaines, en pleine campagne, hors de Düsseldorf, dans la résidence d'un usinier allemand. Poincaré a prié Hervé de préparer un accord économique avec certains éléments rhénans qui raffolent depuis quelques semaines de l'autonomie — comme on nomme ça. Hervé croit qu'il pourra, du même coup, broder là-dessus une entente politique. Il adore la diplomatie ; cela lui rappelle, dit-il, ses négociations avec les Chinois du Yunnan.

10 octobre. — Je n'ai même pas eu le temps de me dire que je ne regrettais pas Essen. Nous voilà transportés en une matinée, par camions militaires, en pleine campagne, à vingt kilomètres de Düsseldorf. J'habite une grande villa en briques, très bien tenue, avec des moteurs électriques, des prises d'eau, des fleurs partout, des tas d'indications émaillées, blanc et noir, sur ce qu'il ne faut pas faire. *Verboten.* Il y a de l'hygiène à en mourir. Des salles de bain avec des balances, des filtres, et des cabinets avec des ronds de citron, comme pour des grogs. De ma fenêtre, je vois la forêt brûlée par l'automne et les hachures vert sombre des sapins ; les châtaigniers résistent un peu, aidés par de beaux jours ; les arbres se mettent nus et la vigne vierge rougit. Dans la vallée, il n'y a qu'une cheminée d'usine — c'est un progrès sur Essen —, et elle a l'air d'un peuplier. Le moindre canal est enjambé, à courtes distances, par des ponts métalliques trop riches pour lui. Les maisons sont blanches et rouges, coiffées d'un toit comme un chapeau enfoncé jusqu'aux oreilles.

J'ai fait la connaissance de Walter von Ruhm, fils du baron Ludwig, chez qui nous avons notre billet de logement. Le père est maître de forges. Lui n'est rien, que le fils du roi. Leur usine principale est à Dortmund ; ils en ont d'autres dans les faubourgs de Düsseldorf. Dès notre occupation le herr baron, en signe de protestation, est parti pour Capri. Le fils, passé maître, vient souvent dans sa maison, dont nous n'occupons qu'une aile. C'est un garçon d'une trentaine d'années ; il paraît plus jeune encore ; athlétique, avec une figure pas régulière, mais faunesque, pleine de rayonnement et d'ardeur. Il est très brûlé par le soleil des plages de la Prusse orientale, d'où il revient. Il a une raideur anglaise et un orgueil allemand qui lui conviennent. Ruhm peut être dur et sec avec d'autres, je l'ai vu ; avec moi, il est aimable.

12 octobre. — La chambre où je rêve, solitaire, et ces jours-ci assez dégoûtée du monde, je l'ai arrangée à ma convenance, puisque, suivant Hervé, nous passerons le début de l'hiver ici. Les Allemands finiront par céder. C'était difficile à arranger, cette chambre, à cause du papier, qui est jaune et gris, et de deux meubles d'angle, très laids. Je n'ai guère eu envie d'acheter des meubles à Düsseldorf. J'ai un divan de tons presque rares. C'est un matelas et un sommier, recouverts d'une étoffe pour laquelle je me suis ruinée : cinquante francs français ; venue de Cologne ; du vulgaire coton. J'ai apporté mes coussins de Paris. Coussins ! Je me blottis avec eux dans toutes mes vieilles amours et peut-être ai-je des regrets ?

On trouve, dans le village voisin, des verreries pour rien.

15 octobre. — Tu sais combien je suis peu sensible aux saisons : contente même sous la pluie d'automne ; à Vevey, le printemps me voyait jadis, seule parmi vous autres, mes amies, pleine de mesure. Pourtant, c'est bien vite l'hiver. Le matin, le fumier fume ; les croupes des chevaux aussi.

Ruhm est arrivé à l'heure du déjeuner. Hervé n'était pas encore rentré de Düsseldorf. Comme nos autorités postées sur les routes réquisitionnent toutes les belles autos, Ruhm ne se déplace — tous les gens riches d'ici font de même, — que dans de vieilles bagnoles d'avant-guerre. Il est descendu de son taxi et s'est avancé vers moi. Il n'a rien dit, mais, courbant enfin son échine rigide, il m'a baisé les pieds. C'est un homme plein d'imprévu. Ensuite il s'est mis à parler — excellent français — d'Hervé, de moi-même. C'est un voyant. Il a causé deux fois avec moi et, de moi, il sait déjà tout. Il ne connaît pas Paris. Il est rural et mystique. Sur la question de la politique rhénane, il ne se laisse pas approcher. Par sa classe, ce doit être un nationaliste. Il a une fraîcheur d'âme et un orgueil inouïs. C'est un « fier original ». Cette expression idiote, si on lui redonne son sens, lui convient. Je l'appelle, à part moi, le Séduisant.

Je ne bouge pas d'ici, de Fürstenbrück. L'adresse est toujours : secteur 135.

18 octobre. — Le Séduisant est resté plusieurs jours invisible. Ça y est, nous sommes en flirt.

19 octobre. — Tu es témoin, Anita, que la plupart des hommes, je les ai menés où j'ai voulu. Pour approcher Walter von Ruhm et ne rien lui livrer de moi, il me faut autant de feintes qu'il faut de mouches à un pêcheur de truites. Il est un peu fou, c'est là son côté dangereux. Hier, nous avons eu deux heures délicieuses. Il m'humilie constamment, comme s'il savait que c'est ce que je préfère. Rien ne l'épate, ni mes modèles de Vionnet, ni ma façon irrésistible de dire : — « Il est trop chou. » — « C'est trop minet. » Il a des six-cylindres Packard, des chevaux Tang, des émaux rhénans du xe siècle, des dollars, un luxe puissant et tranquille. Rien de ce qui vient de Paris ne lui fait envie. Je m'imaginais les Allemands bien autrement. Pourquoi croyons-nous qu'à l'étranger la France est aimée ? Pourquoi, moins nombreux, croyons-nous qu'elle est haïe ? Pour ces gens-là, elle n'a pas l'air de compter.

Dès que Ruhm entre, d'un coup d'œil je sens qu'il a tout vu, ma robe, mon chapeau, mes gants. Je m'imagine continuellement en faute, devant lui. Je cache mes ongles trop longs ; mon rouge au bec est mal mis. Il me dit : « Je n'aime pas vos cheveux. » Cela me change de Paris et des douceurs, mais ça ne durera pas. Il a une très belle bouche, avec une cicatrice, des yeux qui ne s'inclinent jamais ; son visage est sévère ; sa peau me plaît, ce n'est pas lui qui le sauvera, c'est toi, Anita, de l'autre côté de ton Atlantique. Que dis-tu de mes lettres d'amour, infidèle compagne ? Marie a raison ; les femmes ne doivent pas adresser leurs lettres d'amour à celui qui en est l'objet, mais à des amies, peut-être à des confidentes de hasard : ces lettres auront ainsi plus de chance d'être comprises, ou même d'être lues. Reçois donc, chérie, ces aveux trop soudains, mais authentiques.

29 octobre. — Hier, Walter dînait avec nous. Nous nous sommes promenés tous deux dans le jardin. C'est un endroit pathétique, à sapins, tout noir, même avant la nuit. En revenant, Walter me laisse aller devant et m'ordonne de trouver mon chemin, en riant. J'étais si énervée que je me suis mise à pleurer. Alors, il m'a portée presque dans ses bras, en m'injuriant sur ma bêtise, jusqu'au perron, où Hervé se trouvait. Hervé, en nous voyant arriver ainsi, ne savait quelle contenance prendre ; comme toujours il attendait, par indifférence et politesse, de connaître mon attitude pour y conformer la sienne. Je ne dis rien. Alors il se choisit ce masque énigmatique, mort, qu'il doit à l'Extrême-Orient.

Lui et Walter s'entendent. Hervé est un Breton calme et endurant. Walter est jeune et fort — quinze ans de moins qu'Hervé — mais d'une émotivité démesurée ; sauf la défiance, il ne possède aucune retenue. Il hennit. Il questionne mon mari sur l'Indochine, les mines, l'art khmer. « Si nous avions au moins, dit-il, pour nous consoler de la nuit européenne, ces grandes colonies d'Asie... » Il n'est réservé que dans les questions rhénanes. Les événements récents d'Aix-la-Chapelle le laissent silencieux. À l'entendre, il n'est qu'un chef d'usine.

30 octobre. — Depuis que Walter m'a portée dans ses bras, il m'appelle, toujours en riant, son fardeau. C'est un type nouveau pour moi : une jeune bête. Anita, que dirais-tu si je l'aimais ?

2 novembre. — La pluie, si froide. Des *schupos* ont dressé des barricades de tonneaux à bière sur la route. Les Sénégalais les leur ont fait enlever. Des partisans de la République rhénane avec brassard sont passés ce matin à l'aube dans des camions de brasserie, allant au combat.

Nous ne nous sommes pas encore « pieutés », Walter et moi. Seulement roulés sur une chaise longue (60 cm de large), tout habillés. C'est énervant. J'en avais assez. Je lui dis :

« Je voudrais te rendre heureux... »

Il me répond :

« Pour un jour. »

Cela pourrait bien être vrai.

Je continuai :

« Et vous, vous ne pensez pas à me rendre heureuse ?

— C'est impossible, dit-il, on ne peut pas vous rendre heureuse. »

C'est encore vrai.

6 novembre. — Walter n'est pas revenu à Fürstenbrück depuis mercredi. J'ai accepté une invitation à Düsseldorf, pour le revoir, ce Séduisant. Il y avait ce jour-là, malgré les détonations, le quatuor Rozé et du Beethoven. Tu sauras combien il aime la musique. Il était au concert. Il me présente à sa sœur, m'invite à passer la soirée chez elle. J'y vais, seule. (Dans toutes ces réunions mondaines, Hervé est toujours invisible.) La musique, merveilleuse. J'avais mis ma robe hirondelle. Les autres femmes d'ici sont toujours en bleu foncé et, je dois le dire, sans chic. Walter, lui, très bien, nerveux, autoritaire.

À ma surprise, il n'assistait pas au dîner chez sa sœur. Ce sont des gens très riches. Elle a épousé un Hollandais de Nimègue, ce qui lui fait une position assez à part dans le « gratin » du Rhin ; le maître de la maison parle un français admirable. Ils « voient » l'aristocratie, le monde des affaires et aussi les juifs, les artistes, les partis avancés, quelques membres du corps consulaire dont V., l'Anglais, celui qui joue à l'homme d'État. Naturellement, pas de Français. On a fait exception pour moi, ce soir, parce que Walter l'a voulu.

La sœur de Walter s'appelle Lilith. Chez eux, c'est très moderne, très pur de lignes ; c'est le genre peaux d'ours, tapis tissés chez l'habitant, pieds nus, boules de cristal, table de salle à manger sans nappe et des tableaux impossibles à fréquenter. Picasso, Braque, je n'ai jamais entendu parler de ces peintres-là à Paris. Au dîner, j'étais à côté de l'agent consulaire du Chili, un Chilien grand, plutôt beau, avec un œillet rose, un smoking, un sacré air ennuyeux d'homme du monde. Il a beaucoup voyagé. Comme tous les gens qui ont fait plusieurs fois le tour du globe, on ne peut lui tirer un mot. Je me suis mise en frais. Je me disais : « Et Walter qui n'est pas là pour me voir flirter. »

Après le dîner, arrive le Séduisant, avec l'air de ne l'avoir pas fait exprès : on commence de danser. Le Chilien glisse sur le parquet comme sur les eaux. Walter ne m'invite pas une seule fois ; d'ailleurs, il valse et je ne sais pas valser ; ce n'est pas de mon âge. Le tango non plus, d'ailleurs. (Je vais avoir vingt-trois ans cette semaine.) Walter tournait sans arrêter. Ma souffrance était telle que je ressentais une sorte de plaisir voluptueux. Je devins si triste qu'il s'en aperçut, me fit danser froidement et s'assit à côté de moi. Il me demanda :

« Combien mettez-vous de temps à vous faire les yeux ? »

Pourquoi lui celer la vérité ?

« Une heure et demie. »

L'électricité s'éteignit subitement. Nous étions seuls, sans lumière, et nous parlâmes.

Il me dit :

« Vous me faites peur. »

Je répondis :

« Vous aussi. »

Je voulus savoir pourquoi il n'était plus revenu à Fürstenbrück. Il me donna l'explication de sa conduite : s'éloigner de moi à tout prix. Je lui dis simplement :

« Vous avez agi comme un mufle. »

Ça l'a beaucoup touché.

« Il le fallait, reprit-il. Je ne veux pas être pris par vous.

— Pourquoi ?

— Parce que vous n'êtes pas sincère. »

Il avait une rose entre les mains. Me voyant rire, il me la jeta à la figure ; je l'ai ramassée et, à mon tour, l'ai jetée à terre. Il est sorti.

Même soir. — Je savais que, depuis deux semaines, le Séduisant est presque toutes les nuits à Düsseldorf, avec des femmes.

À dix heures, il y a couvre-feu et les Allemands sont obligés de rentrer, à cause des patrouilles. Les étrangers, non. J'ai demandé au consul chilien de m'emmener faire la vadrouille.

« Y a-t-il des endroits défendus ?

— Oui, mais cela change presque chaque soir. »

Aujourd'hui, c'est dans une boulangerie. On rentre par le four. Au deuxième étage, on ouvre. Dans le bar-salon, il y avait cette fumée stagnante des tunnels. J'aperçois des officiers français de la Coloniale. Aussi, un capitaine de vaisseau de la flottille du Rhin qui ne parut pas enchanté de me voir là. Je connais sa femme. Rien à manger, mais de l'alcool. On manque souvent de pain, d'alcool jamais. Effrayant, ces gens qui viennent s'amuser parce qu'ils sont tristes. Quelles femmes ! Ces Brunehildes mangent les chips à la cuiller. (Pour une fois que les Allemands pourraient se servir de leurs doigts !) Une danseuse, invitée à s'asseoir à une table voisine, lève sa robe pour ne pas la salir et nous montre un gros derrière séparé par une toute petite chemise roulée en corde.

Un couple de Russes exécute une fausse danse espagnole : l'homme a un œillet dans la bouche, une cape castillane ; la femme fait des passes avec un tablier de cuisine et, sur la tête, un képi français.

Walter entre. Il m'aperçoit. Il a un haut-le-corps. Vient vers nous. Invité, s'assied à notre table. Pas plus que chez sa sœur, il ne regarde ma robe hirondelle, avec le transparent de taffetas, à reflets rouges, et le gland de perles. Cette toilette, pourtant, est faite pour moi.

« Vous aimez ces endroits ? dis-je.

— Non. Mais ce qu'il me faut, c'est la température de la débauche. »

Jamais un Français ne dirait de ces choses-là, ne crois-tu pas ?

Walter fait semblant de ne pas voir que c'est pour lui que je suis venue.

« À vous aussi, dit-il, il faut ces climats ?

— Walter, vous n'avez pas l'air d'un débauché, ce soir, vous avez l'air d'un guerrier. »

Je pense que ce que je viens de lui dire lui est désagréable. Je remarque qu'il a sur ses boutons de manchettes une croix gammée.

« Vous êtes seule à Düsseldorf ?

— Oui. »

J'ai la consigne de ne pas annoncer qu'Hervé est en ville. Il a des entretiens secrets avec les séparatistes. À mon tour de bifurquer.

« Vous ne me dites rien de ma robe ?

— Vous avez la robe du Chaperon rouge et la figure du loup. »

Le cabaret se vide. J'ai tellement envie de pleurer. « Où aller maintenant ? » Walter le sait. Nous emmenons le consul taciturne qui nous vaudra la protection diplomatique, si l'on nous arrête. Il faut sortir de la boulangerie. Une farine grise tombe sur le vestiaire et nous ne reconnaissons plus nos manteaux. Des pierrots nus et maigres brassent le pain, parmi les maîtres d'hôtel en habit qui rangent dans des malles-armoires leur cave d'un soir.

Seconde neige. Elle tombe en vrille. Nous traversons des quartiers commerçants, non pas endormis, mais anéantis par la nuit. Walter tient dans sa main la queue de mon renard et me tire en avant, comme un enfant. Je l'embrasserais, même devant les guérites aux couleurs barbares. Nous marchons vite.

Quelle idée : nous voilà à la gare. Nous traversons les salles d'attente. La buvette, éclairée par des lampes à huile. Par terre, des permissionnaires belges ou français dorment sur leur musette, en attendant le jour. L'on boit du bon pinard de troupe à deux francs le litre, exempt de droits, car la gare est territoire militaire. Des jeunes gens drôles se donnent maints témoignages de dévouement, un aveugle devant l'automatique vide de ses chocolats au lait pousse des cris magiques et, sur une table du fond, des juifs classent de la monnaie de papier et échangent de l'argent jusqu'au matin : c'est la bourse noire qui fonctionne. Un Russe joue de l'accordéon, essayant de dégager ses bras enchaînés. Avec ses pieds armés de grelots il imite l'arrivée du postillon. Cette gare est le dernier club de nuit.

Nous recommençons à danser. Le Séduisant me tient. Je suis soluble dans ses bras.

« Walter, vous m'aimez ? »

Il répond :

« Moins que ma patrie. »

J'allais lui dire : « Quelle curieuse réponse », lorsque l'accordéon s'étouffe ; un cri fulgurant coupe en deux *On the silver shores* ; un vent chaud nous inonde, les vitres tremblent, les portes nous sautent à la figure ; Walter enveloppé de vapeur blanche a l'air d'un héros wagnérien ; puis tout disparaît dans cette explosion : c'est l'express de Hanovre qui entre en gare et traverse le bal.

10 novembre. — À tout, je préfère la solitude, les enfants, la bêtise, les livres, ce qui existe simplement. Deux jours à Düsseldorf m'ont suffi, au milieu de ces Allemands qui, depuis qu'on les empêche de nuire ou de vendre, sont comme des insectes qu'on a mis sur le dos. Et ces femmes d'officiers américains ! Et l'*Intelligence* anglaise ! Quand donc finira le règne de ces mâchoires, toutes semblables ? On veut aller au bain, aux cabinets ? Un Anglais. Et dire que ce sont les moins désagréables des étrangers.

Des souris dans la maison. J'ai un chat. À cause de *Coco*, j'ai dû le prendre très petit : alors, il a peur des souris. Je l'ai mis dans une corbeille rose. Il paraît téméraire. Mon Anita, il y a longtemps que je ne t'ai pas parlé du chien Coco. C'est lui, le vrai Séduisant. Il veut des sensations. Une qu'il aime, c'est de venir me chercher quand on lui apporte sa soupe, et je dois lui montrer que je la trouve excellente et essayer de la lui prendre. Alors ce vicieux se donne le plaisir de grogner.

Il a vu que je t'écrivais. Il est venu mettre sa tête sur mes genoux.

11 novembre. — Paris ! comme j'en ai la nostalgie, ce matin. Le Séduisant, ce sale animal, me gâte les champs. Ce qui me dégoûte, c'est qu'il ait la voix et les yeux si bien. Autrement, je ne crois pas que ça serait une telle félicité ! *Tout de même,* il sait comment me traiter... Si seulement j'en avais un autre, je lui échapperais...

À peine me touche-t-il qu'il fait des taches dans ma peau, comme des taches de fruit.

13 novembre. — Je m'étais promis des délices. C'est bien fait pour moi. Si nous avions couché ensemble, j'aurais vu que ce n'étaient pas des délices et tout se serait passé sans douleur. Tandis que, de cette manière, je continue à croire aux délices.

Je prends des leçons d'allemand. Je lis Henri Heine.

14 novembre. — J'ai rêvé de Coco et que je m'enlisais. Lui pouvait nager, et moi, j'étais étendue sur le sable et, peu à peu, l'eau me pénétrait.

16 novembre. — L'hiver est complet. Je suis très seule. Hervé est continuellement sur les routes. En politique, les Anglais et les Belges nous lâchent et nous voici, paraît-il, avec tout le mouvement séparatiste sur les bras. Walter n'est pas revenu à Fürstenbrück. Je lui ai écrit ; il n'a pas répondu. La neige couvre la forêt ; il y a, sur les rivières qui vont durcir, une petite banquise encore friable. Quand Hervé est ici, nous nous enfermons, parlons peu ; ce n'est pas par défaut de sympathie. Nous buvons du thé. De bonne heure, mon mari monte dans sa chambre. Je l'entends se déshabiller. Au-dessus de sa porte, il y a un panneau vitré au travers duquel la lumière, de vive, devient douce. Il a posé sur la lampe un voile. Au plafond voici l'ombre longue de la tête d'Hervé, un bâton, une fumée rousse. J'entends grésiller comme du beurre fondu dans une poêle, et un parfum arrive avec les premières bouffées... Hervé se croit à Hanoi et oublie la Ruhr.

Rien ne m'ennuie comme ces histoires politiques. De plus, cela m'inquiète. Ce soir, à dîner, Hervé me dit qu'il a, ici même, cette nuit, un rendez-vous avec Landeck, un des chefs séparatistes en qui on met de grands espoirs ; nos derniers espoirs après les échecs de Decker, Matthes et autres. Hervé prend au sérieux son rôle d'agent politique. Il me dit qu'il aimerait mieux que Walter continuât à ne pas paraître à Fürstenbrück. Moi, pas. D'après ses renseignements, le Séduisant est un membre actif du parti nationaliste et chef de la Société militaire *Odin*. Mais son attitude extérieure est irréprochable. Il n'a pu être pris aucune mesure contre lui. Je cache ma joie.

Après dîner on a entendu un coup de sifflet. Hervé a saisi sa pelisse de cuir, sa torche électrique et il est sorti. Il est rentré peu après avec un visiteur qu'il a introduit dans la salle à manger, sans que je le voie, et sans repasser par notre salon.

Les pieds contre le poêle, je pense à Walter.

Évidemment, cet homme n'est pas mon lot. Mais pourquoi ai-je des sensations si fortes avec lui ? Il n'est pas amoureux de moi. Je le déconcerte, je crois, comme Française. Mais il est dangereux, j'en reviens toujours là, — avec cette fougue inattendue des débauchés. Je veux sortir de cet homme qui empoisonne ma vie. J'ai mal de cet homme. Pourquoi n'est-il pas en prison ?

Sous un poids, le parquet craque. Je me retourne :

Walter est derrière moi.

« Je viens souper », dit-il.

Il tient dans ses mains des bouteilles de champagne et, sous le bras, des cigares et du cognac.

« Vous avez l'air du Commandeur.

— C'est vrai ; je vais me venger. Vous avez fait, la dernière fois que je vous ai vue à ce dîner, à Düsseldorf, une chose irréparable.

J'écarquille les yeux.

« Oui, vous m'avez fait rougir. »

Intriguée de plus belle.

« Sur ma main, cette égratignure… Devant tout le monde, vous avez insisté pour en savoir la cause… »

(C'était moi-même qui, quelques jours auparavant, l'avais griffé.) Quel type !

Il ouvre la fenêtre, tasse de la neige autour du champagne. Il reste là, sans prendre garde au froid, dans ses réflexions.

« Voyez-vous ce grand hêtre ? Je l'ai planté, enfant. Il naquit pourpre. Des gens, ainsi, commencent leur vie par l'automne. Des cerfs, au printemps, viennent s'y frotter… »

Hervé avait entendu nos voix. Il entra, l'air trop imperturbable. Walter s'en aperçut :

« Je suis indiscret, monsieur l'Inspecteur.

— Vous êtes chez vous. »

On débouche le champagne. Hervé s'installe. Aussitôt, tout cesse d'être provisoire. Ils parlent de pays lointains, de pagodes où l'on monte par des escaliers rougis de crachats au bétel ; Hervé raconte des choses ravissantes, qu'il a chassé dans des forêts où aucun homme n'avait jamais pénétré : à son premier coup de fusil, tous les oiseaux, curieux, vinrent voir, au lieu de s'enfuir. Walter récite des vers allemands du XVIIIe siècle et Hervé de la poésie anglaise écrite dans des cadres antiques, au bord d'une cuve d'indigo. Jusqu'à minuit, on boit bien, au point que les étiquettes ne suffisent plus à expliquer les bouteilles. Walter pose son verre sur le disque du gramophone et le regarde tourner. Puis il se met au piano et — je ne dirai pas qu'il joue — il lui inflige une correction. Le Steinway ouvert a l'air d'un bateau qui sombre. Les doigts de Walter saignent sur le clavier.

Enfin, une heure sonne.

Anita, pourquoi ai-je passé là une nuit que jamais je ne passerais à Paris ? Où je n'étais ni dans la réalité, ni dans le rêve, sans avoir bu, entre deux hommes beaux, bien faits et de manières attirantes, et cela en Allemagne, le pays vaincu ?

Maintenant ils évoquaient la vie avant la guerre, leur enfance. Je dormais presque. Je leur dis que vraiment ils devraient parler d'autre chose et ils parlèrent de moi. Hervé restait convaincu, après trois années de mariage, que j'étais encore une enfant. Walter le niait. Il disait, en me prenant la main :

« Qu'est-ce qu'on doit faire de cette femme-là ? »

Et Hervé :

« Il faut la laisser. Elle est charmante. Je l'aime de tout mon cœur. C'est ma femme. »

Walter répondait :

« Elle m'a traité de mufle. »

Et, se retournant vers moi, mettant sa tête sur ma poitrine, m'entourant de ses bras, devant Hervé :

« J'ai tant de tendresse pour vous, Francine. »

Je demeurais froide comme la neige. Je commence à m'habituer aux alcooliques, aux intoxiqués. Fraternellement, Walter offrait d'être pour moi un autre Hervé. Mon mari répondait d'un rire désordonné. Tout cela dans une atmosphère indéfinissable où je sentais ce que doit être la folie. Chacun échangeait des mots dont il n'était pas maître ; tout pouvait arriver. Rien n'arriva. Hervé prit congé de nous.

Alors, je suis restée avec Walter, ce fou, de trois heures à cinq heures du matin, serrée dans ses bras. Nous parlions pour ne pas nous endormir. Walter me disait :

« Écoute, Francine, tu es laide ; tes yeux, ta bouche, ton nez pointu me déplaisent ; seul, ton corps est bien fait, mais trop large de hanches. Tu dégages un certain charme... Je devrais dormir toute la nuit ainsi... Nous allons monter à ta chambre. Je vais te déshabiller et te mettre au lit… Ta bouche est laide, continua-t-il, belle seulement quand tu embrasses. Embrasse-moi. »

Alors, toujours serrée contre son cœur, je lui dis :

« Vous aussi, vous me dégoûtez… Vous voyez : je suis dans vos bras complètement insensible. Je n'ai pas envie de vous embrasser. »

(À Paris, j'ai embrassé un homme une seule fois, pendant une heure d'horloge, et me rappelle seulement ce baiser. Les baisers de Paris !)

Alors Walter se mit à rager. Mon corsage craqua et je glissai empaquetée, dans ma belle robe de taffetas, par terre, où il me rejoignit. Il essaya encore de m'embrasser, mais je serrais les bras autour de ma figure. Il me fit mal et aucun plaisir. J'étais dévêtue comme un joueur de ballon dans la mêlée. J'avais les larmes aux yeux. Il me supplia de lui dire la vérité, ou si j'étais ivre. Mais non, je n'avais pas bu ; la tête très claire. Vraiment, à ce moment-là, le Séduisant était haï : quelque chose me disait tout à coup que, lui non plus, il n'était pas sincère. Je mourais de fatigue et ma tête vacillait. Sans savoir comment, je paraissais être à ses pieds. Il me disait, d'une voix délicieuse et passionnée :

« Francine, tu es à genoux devant moi, rends-toi compte, ce n'est pas possible. »

Soudain, j'entendis dans le corridor quelqu'un passer, sourdement, avec des bottes en caoutchouc, comme pour sortir dans la neige. La porte ne fit aucun bruit, mais on l'avait certainement ouverte, car un vent glacé souffla au ras du sol, où nous nous trouvions étendus. Walter se redressa sur ses coudes, pâle, échevelé. Il paraissait malade. Des minutes s'enfuirent au ralenti.

« Je vais prendre un peu l'air, fit-il. Je suis trop ivre. »

Il se leva en cassant deux verres ; se retourna. Il

vit dans mon regard que je n'étais pas dupe, que je comprenais qu'il ne reviendrait pas et, répondant d'avance à ma question :

« Surtout ne m'écris pas, ajouta-t-il, avec une brutalité inouïe. Tes lettres, je les trouve idiotes. »

17 novembre. — La neige est tombée en telle abondance pendant cette nuit mémorable que, ce matin, les communications sont coupées. Il est midi. N'ayant pu téléphoner à Düsseldorf, Hervé est sorti de bonne heure, après notre petit déjeuner. Je l'attends pour me mettre à table. Il sera très en retard car l'auto n'avance pas, avec ses chaînes autour des pneus. Je m'interromps de jouer *La Boutique fantasque* pour t'écrire et te raconter, Anita, tout ceci, qui étonnera ton entendement américain. Est-ce bien ta Francine qui est dans ce salon ? Walter se trouvait-il ici, il n'y a pas dix heures ? N'était-ce qu'un rêve, si lointain déjà ?

Sur le coup de deux heures, Hervé revient. Il m'annonce la nouvelle : ce matin, à l'aube, son hôte d'hier soir, le chef séparatiste Landeck, qui allait prendre aujourd'hui même la tête du directoire, a été trouvé assassiné sur la route, à un kilomètre de Düsseldorf.

Paris. Fin décembre. — Je suis rentrée à Paris pour les fêtes. Voici les marrons glacés, les jouets, les baraques. Vagues odeurs de mangeaille. L'Allemagne sous la neige, les forêts symphoniques, Walter, ces gens aux mains pratiques, aux cœurs fous, cela peut-il exister à douze heures de Paris ? Ici, personne ne s'en doute. Tout ce qui m'entoure est plaisir, richesse. À Essen, ces boutiques bardées de fer derrière lesquelles il y a... un œuf ; les gens qui s'attroupent devant un magasin de chaussures, comme nous devant Cartier. Souvent je pense à cette fin si lugubre de la République rhénane : une pièce sans public. Mon départ… ces jours d'émeute les processions communistes précédées d'une tête de mort, les vitrines s'écroulant, les *schupos*, les automitrailleuses et la rue avec le sang et le verre pilé…

10 janvier. — Je ne me suis jamais sentie aussi calme, et l'âme en paix, que depuis que j'ai quitté les amours. Paris, quoi que j'en dise, c'est un couvent au milieu d'un jardin. Je ne réponds pas au téléphone et je ne vois personne. Au fond, ce Walter me dégoûte. Il est de la race de son empereur. Les Allemands sont nos ennemis. D'ailleurs comment avouer ici un sentiment contre nature ? Et quand je ne veux pas avouer, j'oublie.

8 avril. — Je suis revenue, chère Anita, en Allemagne, pour revoir Hervé, à l'occasion de Pâques. Dieu, que ce pays est ennuyeux ! Cette fois, j'habite Düsseldorf.

Je n'étais pas au *Rheinischer Hof* depuis quarante-huit heures que Walter est apparu. Voilà qui est beau et triomphal. Un jour sinistre. Une amie me téléphone, insiste pour me voir. J'étais indisposée et de mauvaise humeur, un peu comme Hervé les lendemains de drogue. Comme cette amie est une femme agréable — c'est la femme d'un réfugié russe —, je fais effort pour la recevoir. Ses premières paroles :

« Êtes-vous libre ce soir ? Une personne veut vous connaître, la femme de Walter, la baronne von Ruhm. »

Il est marié. Il a épousé une Israélite parce qu'il a eu besoin d'argent, ruiné par notre occupation de la Ruhr. Je n'étais pas très décidée à accepter, mais Hervé m'a encouragée. Je mets ma robe de satin, noire et blanche, et j'arrive. Comme toujours, j'étais la seule Française. Il y avait beaucoup de monde, de grands usiniers millionnaires, des banquiers, des ténors.

La baronne von Ruhm s'est jetée à mon cou. Walter a dû tout lui raconter. C'est bien allemand. J'ai d'abord causé avec elle. Elle a les cheveux nattés et décolorés en blond vert, comme ces cordons soufrés pour désinfecter les barriques. Elle est molle. On sent qu'elle a été tripotée déjà par des tas d'hommes. Elle chante les plus vulgaires romances de Rimsky. Tout le reste de la soirée, je suis demeurée avec Walter. Alors j'ai senti qu'il s'était marié par dépit. Et combien il m'a aimée. Il est au courant de ma vie ; il sait qui je fréquente ; dès qu'il a appris mon retour en Allemagne il a arrangé cette soirée, chambardé le Rhin pour me revoir. C'était émouvant, tout d'un coup, ce grand Boche faisant camarade et moi si changée, si maîtresse de moi. Encore une victoire de Paris. Je suis entrée dans cet homme par le nez, les yeux, les oreilles. Il ne m'oubliera plus. Mais il m'a bien fait enrager…

La soirée s'avançait. Walter ne pouvait plus s'en aller. Sa femme dut l'arracher de sa chaise ; elle est avare et, depuis une heure, l'auto attendait : en Allemagne, une auto qui attend, c'est cher.

Anita, la nuit, en revenant, j'ai pleuré. Lui aussi, j'en suis sûre. Mais lui n'a plus rien, et moi j'ai Hervé. Mon mari est merveilleux dans ces occasions. Quelle confiance il faut avoir dans les hommes ! Quel peu de cas je fais des femmes quand je vois comment je me conduis ! À la fin de mes affaires de cœur, je m'aperçois que tout le monde — y compris moi-même — a été dupé ; excepté lui. Les gens disent qu'il ferme les yeux : non, il regarde entre ses cils, toujours prêt à me porter secours. Rien ne l'atteint, mais tout le touche.

Essen, novembre 1923.

CÉLESTE JULIE !

(Nous avions fait un dîner russe, évidemment pas en Russie. On s'était mis à table sans y croire, tant on avait auparavant mangé et bu. Sur les douze convives, il n'y en avait jamais beaucoup à la fois dans la salle à manger. On commença par les liqueurs. Le potage plein de bouts de cigarettes en carton.)

Au-dessus d'un massif de pois de senteur, je la regardais. Elle n'était pas tellement belle. Son visage, d'une charmante polychromie, s'était trop écrasé contre d'autres visages. Mais une bouche, bonne auberge. Des cheveux comme de la musique. Le démon.

« Quelles belles fleurs ! Naturellement vous aimez les fleurs ?

— J'aime les fleurs, répondis-je, mais je ne suis pas pédéraste. »

Elle chantait à l'Opéra de Monte-Carlo. Son mari, russe comme elle, était préparateur au Musée d'océanographie de la Principauté. À travers la table elle me prit à partie, ce qui est fort désagréable.

« Qu'aimez-vous encore ? Dans vos livres, on dirait que vous n'aimez rien.

— Et moi qui croyais faire un inventaire naïf des merveilles du monde !

— En fait de merveilles, vous prenez à tâche de ne nous montrer que l'épilepsie des Russes, la bêtise des Anglais, l'avarice des Français, la paresse des Espagnols, la vanité des Italiens, la vulgarité des Belges, la petitesse des Suisses, la natalité des Allemands, la sauvagerie des Bulgares, l'épaisseur des Hollandais, les grâces universitaires des Tchécoslovaques, les canailleries des Roumains, l'âpreté des Grecs, l'idéal démocratique des Portugais, l'inutilité des Norvégiens, la gymnastique des Suédois, l'ingratitude des Yougoslaves, la légèreté des Autrichiens, la méchanceté des Hongrois, la susceptibilité des Polonais...

— ... ou le contraire, madame. Les rêves, dit-on, sont soumis à la loi des contraires. Or, l'écriture n'est qu'un rêve ; cherchez et vous trouverez. Vous verrez soudain, sous ma plume, apparaître la générosité des Russes, la ténacité des Anglais, le jansénisme des Français, le bon sens des Belges, l'altitude des Suisses, la force des Allemands, le savoir des Tchécoslovaques, le courage des Bulgares, l'économie des Grecs, le parisianisme des Roumains, le don d'oubli des Autrichiens, la francophilie des Portugais, le panache des Italiens, etc., et, surtout, la sympathie d'un auteur sans cœur pour ce qui est vivant, sans parler de son admiration pour vous, madame. »

À force de paroles flatteuses je la ramenai chez moi et m'étendis avec elle. Sous nous, le plancher se gonflait. Les meubles voltigeaient ainsi que des abeilles. Elle ne s'écriait pas : « Qu'est-ce que je tiens ! » comme les Françaises qui affectent de céder en délirant, sous l'excès de boisson, et avec un œil prudent.

« Oh ! céleste Julie ! commençai-je, je sais que

vous portez vos vices tout haut, comme des vertus… »

Tout à coup, le téléphone.

N'ignorant pas qui, à cette heure, peut m'appeler, je ne donnerai pas signe de vie. Sous le copieux arrosage de la sonnerie électrique nous baissons la tête et nos caresses sont suspendues.

Julie devient pâle.

« C'est certainement votre amie qui vous téléphone, dit-elle.

— Et puis après ?

— Répondez-lui.

— Non.

— Je vous prie… Elle doit avoir du chagrin, cette femme. »

Julie s'agenouille. Le téléphone continue en vain d'avertir la maison silencieuse.

« Répondez, je le veux. »

Plus je refuse, plus elle s'énerve. La voilà serrée contre moi comme un drapeau autour de sa hampe.

« Je vous prie… Décrochez, tout au moins… que j'entende cette voix. »

Avant que j'aie pu m'y opposer, elle a saisi un récepteur. En obturant le cornet, je mets l'autre à mon oreille. Alors, j'entends celle qui me téléphone chaque nuit dire mon nom, plusieurs fois mon nom, comme, au seuil d'une porte, lorsque l'on siffle le chien égaré dans la campagne.

Plus on m'appelle et plus Julie enferme sa main entre ses jambes. Elle se secoue comme une baleine harponnée.

… La chère voix s'entend maintenant à peine, si soumise à sa propre tristesse que le blâme en a fui. Encore mon nom, une fois. Puis l'appareil n'envoie plus qu'un silence affreux. Cependant la ligne est restée ouverte. Il n'y a plus que l'attente, derrière le vide ténébreux.

Alors les yeux de Julie vont je ne sais où. Elle plonge dans les oreillers et, malgré ses cheveux plein la bouche, fait un cri. Elle tombe, comme une morte parée et en rubans de couleur.

Je raccroche, en hâte. Je veux la prendre dans mes bras, mais elle saute à terre :

« Vous ne sauriez me donner pareil plaisir », dit-elle.

VAGUE DE PARESSE

Après dîner, tout le monde admit que le goût du travail n'existe plus. On s'attendrit sur la vague de paresse, sans penser que grâce à elle il y a des assassins qui ne peuvent se tirer du lit pour aller tuer, des cambrioleurs qui s'attardent aux plages, laissant passer la saison des fractures, et des invertis professionnels qui, plutôt que de se rendre où le métier les appelle, préfèrent rester chez eux le soir, à jouer aux dominos avec leur femme et leurs gosses. Et les espions ?

En 1915, je fis connaissance, à Londres, d'une Hollandaise, née d'on ne sait quelle Java. Elle était éclatante et portait ses nattes noires roulées sur les oreilles comme les cornes des mérinos australiens. Elle me faisait penser à ces enseignes des foires :

FEMMES D'ORIGINE
ORIENTAL'ATTRACTION
BEAUTÉ — VOLUPTÉ — FÉERIE — LUMIÈRE

Une fois de plus, je me vis obligé, pour mes amours, de faire appel à la main-d'œuvre étrangère.

Elle habitait le Ritz, au premier étage, au coin

d'Arlington St. Un soir, après avoir dîné dans la salle à manger de l'hôtel et bu beaucoup, nous décidâmes de monter dans sa chambre. Nous nous trouvâmes partager l'ascenseur avec une sorte de pope en civil, tout en soies, tenant sous son bras une serviette de cuir bourrée de documents — comme les parlementaires, dans les dessins de Forain au temps de l'Affaire. Il était accompagné d'officiers d'artillerie français et anglais. Il habitait la chambre voisine de celle où nous entrâmes.

« C'est Albert Thomas, notre ministre des Munitions, dis-je.

— Ah ! fit la Hollandaise. Je ne savais pas... »

On nous monta encore à boire, et frais. À part ses cheveux et les miens dans la pièce, tout fut blanc. J'estime à leur prix les rencontres de hasard et ces voyages dans des paysages inconnus, en peau humaine. Rien n'est plus laid, pensais-je, que les gens qu'on voit tous les jours.

La neige du lit s'en trouva fondue.

J'ouvris une porte, croyant entrer dans la salle de bain. C'était celle d'un placard. Au milieu des robes, pendus parfumés, je crus remarquer un théâtrophone. Je prêtai l'oreille : c'était un microphone. J'entendis nettement Albert Thomas, à travers la cloison, expliquer nos besoins en obus de soixante-quinze, avec statistiques des derniers combats, à l'appui.

Ma compagne me vit revenir vers elle et, à moitié endormie déjà :

« Oui, je sais bien, dit-elle, je devrais écouter tout ça, mais les chiffres, ça m'ennuie ; je m'embrouille dans leurs histoires de munitions. Et d'ailleurs, maintenant que ma zibeline est payée... J'ai sommeil... »

Et sans se réveiller davantage, me sentant près

d'elle, elle me prit dans ses jambes, qu'elle referma aussitôt, avec un réflexe de coquillage.

Deux mois plus tard, j'appris que nos agents, toujours mal renseignés, l'avaient cueillie, à la frontière suisse.

LES AMIS NOUVEAUX

«Dryden mettait dans la bouche de ses héros amoureux ou des hyperboles ou des indécences.»

VOLTAIRE.

Je crois que je la connais mieux que moi-même. Et pourtant je ne l'ai jamais vue. Elle s'appelle Paule : c'est presque mon nom. Paris est un labyrinthe où tantôt nous nous croisons, tantôt nous nous suivons, séparés par des murs assez épais pour nous cacher l'un à l'autre, assez minces pour que nous écoutions nos souffles. Je sais qu'elle vit sous les toits : au plafond de sa chambre, on entend, m'a-t-on dit, les oiseaux sonner du bec. Au loin, le mont Valérien flotte sur les océans de fer battu. J'ai été regarder ses fenêtres, mais son balcon est en retrait, je n'ai rien vu. Elle n'ouvre pas sa porte. Elle a peu d'amis, et avec eux des rapports si tendus, si passionnés, que c'est plutôt une tendre brouille continuelle. Son visage, sur une de ces photographies modernes, avec les îlots clairs du front, du menton, d'une pommette noyés dans des ombres grasses de sous-entendus artistiques, est marqué pour l'endurance, le secret. J'ai été si curieux d'elle qu'à l'aube il m'arriva d'aller chercher dans sa boîte à ordures des fleurs meurtries, des fragments de lettres, des pelures de fruits. J'ai trouvé ses cheveux durs et noirs entre les dents d'un peigne. On m'a montré la trace de ses pas dans le sable, imprimés à fond, comme les semelles d'un scaphandrier : mais elle n'est certes pas ce poète élégiaque, si léger qu'il lui fallait, pour se tenir debout, des sandales de plomb. C'est quelqu'un de naturellement pesant, d'impitoyable ; ennemi de l'innocence. Elle me passionne comme une grande bataille à laquelle, autre Fabrice, je n'assiste pas, mais dont je devine la violence militaire ou l'importance politique aux yeux de ceux qui en reviennent. Je l'ai toujours haïe, je l'ai presque aimée. Parce que je lui connais tous mes goûts ; parce qu'elle est certainement semblable, sinon à moi, du moins à ce que je voudrais être, et parce que, comme moi, elle aime.

Agnès.

Je suis seul, assis à une table. J'attends Agnès. C'est elle qui a eu l'idée de ce dîner. Elle m'a donné rendez-vous ici, dans ce restaurant en pâte tendre qui est sur le bord de Paris. Enfant, j'y venais goûter ; mêmes palmiers ; mêmes vases bleus. L'heure a passé déjà où elle aurait dû arriver. Mais le temps ne nous est pas commun : c'est son bien à elle. Elle met tant de choses dans les minutes qu'elle me donne, il reste tellement d'elle-même dans celles qu'elle me refuse, que c'est comme si je ne la quittais jamais. J'aime Agnès. Je crois qu'elle m'aime aussi, à sa façon ; mais c'est cette façon-là qui me plaît. Je crois encore — non pas seulement parce qu'il est bon de croire — qu'elle ne ressemble à personne. Les autres femmes, c'est toujours leurs pleurs, leurs nerfs, leurs règles, leurs mailles de bas qui sautent. Il n'arrive à Agnès que ce qu'elle accepte qu'il lui arrive, et rien d'ordinaire. Sa vie, c'est douze heures d'erreurs et douze heures d'oubli, un oubli humide et bienfaisant qui la purge, la calme jusqu'au plus profond d'elle-même, qui lui permet d'avoir cette figure d'enfant, ce goût tenace pour les bonheurs vulgaires qu'elle ne satisfera jamais, Agnès, c'est une personne d'aptitudes bonnes et gracieuses, avec un nez en l'air, à qui il est arrivé des aventures géantes qui n'arrivent qu'aux nez recourbés. Sans s'essouffler, elle suit tous les trains de sa destinée. Elle est racée, mais avec l'optimisme et la vitalité des gens qui ne le sont pas, ce qui lui a permis de se plier aux plus singulières fortunes. Elle conserve sous l'extravagance, elle mène avec elle, dans ses amusements les plus tragiques, un bon sens énorme et succulent, comme un personnage comique attaché à la troupe de ses jours picaresques. Car Agnès fait plus de folies, d'imprudences que n'importe qui, bien, je le répète, qu'avec l'esprit le plus juste, les manières les plus contenues, le moins d'embarras. Elle a choisi de vivre en plein vacarme. Ce qui nous rompt la tête lui est un chant délicieux. Je n'en donnerai ici aucun exemple encore que sa vie ait été et soit encore une sérié inouïe de réussites romanesques. Il va vous suffire, pour comprendre, de la voir entrer, s'asseoir en face de moi, nommer en un instant ses ruines d'un jour, les égarements qu'elle nourrit sans hypocrisie ; de voir apparaître ce brusque appareil de dangers — naturels ou travestis —, d'angoisse et de jovialité qui surgit avec elle et s'abat sur qui, comme moi, l'approche sans se préserver.

Ce soir, j'aurai Agnès à moi tout seul. On ne peut pas toujours l'avoir à soi. De quel droit confisquer cette richesse sociale ? Comment, sous un toit, conserver cette tempête qui risque de faire sauter la maison si on la comprime ? Car Agnès lance autour d'elle, avec indifférence et une rare amplitude de jet, ses actes, qui font explosion. Elle rit des femmes d'avant-guerre qui disaient aux hommes : « Je viendrai chez vous si vous promettez que vous ne ferez rien. » Peut-être allons-nous la voir arriver affectueuse et douce ; elle est cela aussi, surtout si l'on ne fait pas mine de la regarder.

Agnès n'arrive pas. À chaque entrée, je lève la tête. Le garçon, pour calmer mon impatience, met chaque fois sous mes mains un nouveau couteau, une autre fourchette. Je dois ressembler à la gravure Restauration, « L'Attente de la fiancée ». Déjà les dîneurs commencent à s'amollir, à se rapprocher, à entrer les uns dans les autres. On enlève des tables pour danser. Le violoniste étend sur son instrument un mouchoir sale, comme pour cracher ses dents, et promène sur moi un œil hautain et naturalisé pareil à ceux des cerfs d'antichambre, jusqu'à ce qu'enfin, ayant rencontré dans une glace sa propre image, il soit définitivement séduit et que son regard chavire. Il fait jour encore sur le ciel, mais déjà plus à l'intérieur du ciel. Des nuages longs, conviés à l'ouest, s'y rendent. J'oublie de dire que Paris est devant moi, j'en suis séparé par des marronniers roses et par une Seine courbe, fort joliment éclairée à faux.

« Bonjour. Agnès n'est pas arrivée ?

— Paule ?

— Oui, Paul.

— Comment m'avez-vous reconnu ?

— C'était vous, incontestablement. »

Pour la première fois, j'entends sa voix : « Il faudra, dit-elle, un troisième couvert ; c'est Agnès qui, ce soir, nous invite tous deux ; en retard, elle prie que sans elle on se mette à table. »

Ainsi, n'ignorant pas qu'avertis, nous nous serions dérobés, Agnès a pris soin de ne pas nous prévenir de cette rencontre. Elle nous a *assemblés* — le plus faible degré du rapprochement, celui qui met ensemble dans un même lieu. Nous voici maintenant tous deux nous affrontant, sans elle dont seule la présence nous ferait heureux. Agnès a voulu réunir dans un étroit espace ses deux plus grands biens jusqu'ici séparés, les deux personnes qui savent le mieux l'aimer, qui acceptent de se conformer à ce qu'elle veut ou ne veut pas, sans cesser d'en souffrir. Car Paule et moi, avec franchise et simplicité, depuis un an, nous aimons Agnès.

Paule s'assoit en face de moi, en silence. Nous adaptons à l'image que nous nous étions faite l'un de l'autre notre réalité : cela adhère parfaitement. Paule est toute blanche. Elle en remet. Sa figure est un disque de velours blanc barré de rouge, séparé au milieu par une arête noire que vient recouper, transversal, le chapeau. C'est peu, ce qu'ainsi je vois d'elle, mais c'est cependant une grande découverte.

Qui de nous eût cru pouvoir approcher l'autre — cet autre toujours lointain, que pendant des mois les stratagèmes langoureux d'Agnès avaient mis hors d'atteinte —, jusqu'à distinguer le grain de sa peau ; jusqu'à le toucher ; jusqu'à l'avoir à portée...

« J'ai eu bien souvent envie de vous tuer, dit Paule.

— En ce moment encore, moi, je souhaite votre mort. »

Il y a si peu de danger que nous devrions en rire, éclater de rire à nous voir dîner ainsi tête à tête comme deux amoureux. Mais nous n'avons pas le sens du comique, péchant l'un et l'autre par stoïcisme et esprit de lourdeur. Nous sommes tous deux des amants de la vertu. Inguérissables. Par l'absence d'Agnès, bouleversés. Invisible, le Commandeur aux seins rosés a son couvert mis entre nous.

Qui, le premier, prononcera son nom ?

C'est le chasseur. Agnès vient de téléphoner. Elle ne pourra pas nous rejoindre. Fatiguée, elle s'est couchée. Il ne nous reste plus qu'à rompre le jeûne. Est-ce un guet-apens ou une embuscade très préméditée ? En tout cas, nous connaissons assez Agnès pour deviner le plaisir qu'en ce moment elle doit prendre au tour qu'elle nous joue. « Très sport », dira-t-elle.

Sans faiblesse inclémente, Paule va-t-elle s'assurer un premier avantage en me faisant sentir qu'elle connaît Agnès depuis plus longtemps que moi, exhumer des souvenirs de promenades à voile sur le Léman, des baisers en Normandie sous les pommiers fleuris ? Entichée de précédents, va-t-elle me faire subir la généalogie de son amour ? Je suis un démocrate fanatique, pour qui les parchemins n'ont aucun prix. Je lui gâterai ses effets. S'il le faut, j'irai jusqu'à l'obliger à soutenir mon regard quand je lui révélerai que je vécus caché à l'auberge du village, pendant tout ce mois d'août dernier qu'Agnès passa près d'elle. À l'aube, Agnès sortait de la villa de Paule, et je l'écrasais sur des draps rugueux et humides. Alors je me moquais de leurs jeux renversés et de ces barbes postiches.

Rien de tout cela n'arrive, car Paule ôte son chapeau. Elle ôte son chapeau, et son front apparaît, découvert, accessible, bon. C'est une autre personne. *Elle n'a pas les cheveux courts*. Sa bouche aussi, je l'avais comprise à contresens. C'est une âme de Fénelon, à douce laine, « compatissante et libérale », qui dîne en face de moi. Je ne savais pas qu'à ce point nos jugements dépendent d'un éclairage. Me voilà uni à quelqu'un d'aussi tremblant que moi, dont le cœur vacille sous l'émotion d'être là, seule, en face de son ennemi. Paule n'aurait-elle aucune de ces qualités, aucun de ces défauts auxquels j'aspirais ? Naïve, exorable, serait-elle une sœur ?

Me voilà pris entre la politesse qu'il y aurait à dire du bien de notre amie commune et le besoin de devenir intimes, par la voie la plus courte, en en disant quelque mal.

« Condamnons-nous Agnès ? demandé-je.

— Hélas ! par contumace.

— Lynchons-la.

— Être mise en pièces par les mains d'une foule m'a toujours paru une fin magnifique, dit Paule ; pas à la portée de tous. Mais c'est bien une fin pour *notre* Agnès. Imaginez chacun, après, emportant pieusement un morceau d'elle ?

— Quel morceau d'Agnès préféreriez-vous ?

— Dans les mouvements populaires, on saisit au hasard. J'aime ses doigts, mais ils seraient difficiles à retrouver, à cause des bagues... Mon choix s'arrêterait plus volontiers sur sa bouche. »

Je suis sur le point de répondre :

« Arrêtons-nous sur sa bouche », mais c'est une phrase qui veut sortir à mon insu. Cependant s'impose ici l'image — et je dois l'imposer à mon tour — d'un triple baiser, triangle aussi inhumain que le corps aux trois jambes, emblème des Deux-Siciles, confusion de lèvres où les coins seuls s'appuient aux coins voisins, alors que les bouches s'avancent sur le vide, portent à faux sous la chaleur de trois respirations en feu...

Je reprends du calme et continue :

« Mais muette, sa bouche, que serait-elle ? Est-elle autre chose qu'une parole entourée de rouge ? »

Nous interrompons ce dialogue élisabéthain, plein de sang et de concetti, car le son de nos voix nous a détendus et permet à nos cœurs de converser. L'on connaît ces entretiens silencieux, étincelants, qui s'établissent entre deux êtres pour la première fois en présence, et les fixent l'un à l'autre, tandis que les paroles tiennent la scène et font la parade sans qu'on y prête foi ou attention.

Bientôt, il nous fut tout simple d'admettre que nous aimions Agnès pour les mêmes raisons. Toutes les choses aimables ne sont-elles pas, au fond, goûtées de la même manière, par tout le monde ? Nous ne pouvions nous détacher du plaisir et du chagrin éprouvés à le constater. Les rires et les mains glacées d'Agnès, son inconstance — elle dit que, par amour de la fidélité, elle est fidèle à tout le monde —, son habitude de chanter ce qu'elle fait, de nous donner en public ses rendez-vous en chantant — (À vous aussi ?) —, son parfum qu'elle envoie comme des coups de couteau, ses excès interrompus et excusés par d'affreuses douleurs physiques — des maux de tête —, son dédain du bien-être, exceptionnel chez une femme, sa façon clownesque de vivre la vie, mais cornélienne de la comprendre, ainsi que la douceur puérile de sa peau nous unissaient à Agnès, et elle absente, nous rivaient ce soir l'un à l'autre.

Au-dessus de Paris, la lune fit son creux. Un bien-être sans trivialité nous posséda. En apprenant qu'il ne restait plus de fraises à la crème, nous ne souffrîmes même pas. À droite, par-dessus les gazomètres de Vanves, carcasses de Colisées mangés par les vautours, par-dessus les primeurs de Clamart, les fumées s'endormaient. Sur la gauche, ce brouillard industriel cessait et commençaient, au-dessus du bois de Boulogne, des brumes végétales. Des rangées de lumières se déroulaient, en forme de maximes, au pied de monuments dont on sait le rôle dans le panorama de Paris. La police passa, en side-car, dévouée à ses travaux de nuit.

Paule la montra du doigt.

« Comme si l'on pouvait faire la police de la nuit, dit-elle.

— Comme si l'on pouvait faire la police d'une époque telle que la nôtre, continuai-je, où tout, en un instant, devient tellement simple et si subtil qu'aucune prison... Jadis, nous nous fussions égorgés, empoisonnés. Nous voici, portant ensemble le lourd fardeau de l'amour. Quelle aide n'est pas nécessaire pour passer ces heures chirurgiques du soir, si dures à ceux qui aiment ? Voyez comme un rendez-vous manqué peut être agréable lorsqu'il fait, d'un coup, deux victimes. Pour cette amitié nouvelle, quels mots ? Nous continuons d'utiliser ceux d'hier comme on habite les mêmes maisons, pour n'avoir pas à les reconstruire, bien qu'on n'y vive plus de la même manière. Mais les gens ne connaissent que ce qu'ils voient et personne ne s'aperçoit qu'en dessous tout a changé. »

Nous nous levâmes. Je pris le bras de Paule. Nous pensions à Agnès. Nous aurions voulu surtout savoir lequel de nous deux, en amour, elle préférait. Mais devions-nous, en un soir où nous tenions notre chagrin apprivoisé sur notre doigt, l'effrayer ? Nous descendîmes vers le Point du Jour, à pied. Silencieusement, nous goûtions un armistice heureux et sans lendemain peut-être ; nous avions été amenés sans bandeau au camp l'un de l'autre, admis à tout visiter et à toucher de la main les armes qui, hier encore, nous blessaient le mieux.

NICU PETRESCO,

CANDIDAT À LA LICENCE

I

Tous les fils de pope ne sont pas de la racine de voyou, de la semence amère de séminariste. J'ai de l'ambition. Entrer dans les ordres ? Avenir d'archimandrite, célibat, pauvreté ? Merci. J'ai trop souvent vu le père quêter à la fin du mois chez les boyards ; un mendiant en habits sacerdotaux, ni plus ni moins. Cette misère cessera. Moi aussi je suis socialiste.

Ne vous attendez pas à un Moldave paresseux, couchant dans le duvet d'oie, pétant dans la soie. Je suis d'Oltenie, petite Valachie, c'est-à-dire un paysan du Danube, avec ma tête carrée et mes mâchoires à trente-deux molaires, comme on dit de nous autres, qui avons du sang bulgare. Boursier au lycée, je fus un étudiant passionné. Je travaillais jusqu'à me crever les yeux, comme ma vieille brodeuse de mère. J'évitais les plaisirs, les femmes tziganes, ces vers luisants, les enterrements, tous les spectacles de la calea Victoria ; je ne connus ni les batailles de fleurs ni les bals masqués ; je ne m'affiliai à aucun club nationaliste pour boycotter les professeurs juifs, à aucun groupement anarchiste pour renverser les tramways, quoique mes opinions m'y portassent. Aujourd'hui, les philosophes n'ont plus leur siège réservé sous le portique : ils doivent jouer des poings, comme les autres. Aussi, depuis six mois que j'ai fini mes études, me voici en France, aux frais du gouvernement roumain. Je vais passer ma licence de philo, puis je rentrerai au pays. Avenir rose : je donnerai des leçons, j'aurai un diplôme français, je serai aussi considéré qu'un colonel et, un jour, je posséderai un petit bien, dans ces terres noires qui bordent le Danube, audessus des roseaux d'argent de Turnu-Severin.

II

Je touchais au but : je me vois forcé de renoncer. Tout s'écroule. Obligé, faute de fonds, de quitter la France, à la veille des examens. Deux fois déjà, au cours de l'année, nous nous étions trouvés, mes camarades et moi, dès le début du mois, sans argent ; mais nous avions fini par en recevoir. Ces jours derniers, comme nous allions au Consulat palper notre mensualité universitaire, l'on nous apprend que, par suite de l'effondrement du leu, le gouvernement ne peut plus subvenir à nos besoins en France. Tant de travail perdu ! Plusieurs fois nous revenons, dans l'espoir qu'en notre absence un télégramme d'État aura arrangé les choses. Nous couchons dans la salle d'attente, dans l'escalier ; de nombreux étudiants font de même. Ils descendent de tous les coins de Paris. Voici de beaux légionnaires à type romain, qui préparent le Conservatoire ; de petits Kalmouks de la Dobrudja, qui n'en sont qu'à leur P.C.N. ; de paresseux Moldaves poudrés qui arrivent de la terrasse du café de la Paix (tables contiguës au Grand Hôtel) ; les nouveaux Roumains, les Transylvains, si polis, si timides, qui ne parlent qu'allemand ; enfin les juifs obliques, futurs avocats, aux oreilles tordues comme celles des chats. Le chancelier sort de son bureau et nous offre un rapatriement en troisième classe, par mer. Nous menaçons, nous ne lui cachons pas que sa mère a connu des boucs ; puis nous l'enfermons dans la cuisine ; alors, la police vient et nous disperse. C'est fini, je ne serai jamais licencié.

J'allai m'asseoir au Luxembourg. L'heure du déjeuner avait vidé le jardin comme un estomac. Je possédais trente-cinq francs. Hier encore, je redoutais de me trouver ici en attendant l'heure de « plancher », d'« entrer en cage » ; comme tous les étudiants, mon cœur se serrait à la vue des peupliers des quais, jetant leur coton, indice fatidique des examens. Maintenant, je bénirais tout cela. Il va falloir retomber au village — que détruite soit une société qui permet ces choses ! —, parmi les porcs noirs, les enfants tziganes, les femmes à la quenouille, la poitrine nue, et mon père, sortant de l'église rouge comme un abattoir, avec ses habits de pope, bénissant les chaumières et ramassant des sous.

Non.

III

Un garage. Me proposer comme laveur de voitures ? On met des bottes en caoutchouc, on passe l'éponge, on sèche à la peau et tout est dit. Et moi qui ne croyais pas au fatalisme.

Un jeune homme gris-perle :

« Vous venez pour l'annonce du *New York Herald* ? Vous tombez bien. »

Je n'ose répondre non. Il me prend pour un chauffeur sans place. Si je trouvais à mieux gagner ma vie pendant quelques jours ? Des patrons qui me laisseraient des loisirs ? J'ai conduit jadis une Ford à Tecuci, pendant la guerre, dans une formation sanitaire.

« C'est pour une voiture légère ?

— Vous cherrez... c'est une Rolls. »

Il me met en face d'une locomotive orangée, toute en glaces, nickels, vernis, avec des roues pleines en fer-blanc, au repos dans son box. Je ferme les yeux. Puis, en moi, le Roumain, difficile à épater, reprend le dessus :

« Ça me connaît.

— Alors, mettez les gaz. Les singes habitent quai des Grands-Augustins. Allez vous présenter avant le dîner. »

Mr. et Mrs. Seymour Caress me reçoivent dans une maison française des siècles passés, avec de vieux meubles frottés et l'inévitable vue sur Notre-Dame. Mes pieds font des taches de poussière sur le tapis noir, orné des signes du Zodiaque. Le mari et la femme sont tous deux peints en rose avec un semblable complet veston, des ongles dorés ; ils boivent des choses artistiques où trempent des bananes et des camélias.

Ils se lèvent, très intéressés :

« Vous venez pour répondre à l'annonce ?

— Oui, Monsieur.

— Vous êtes seul ?

— Oui, Monsieur... On ne m'avait pas dit que Monsieur voulait un ménage... »

Ils paraissent étonnés.

« Pour l'annonce 2652 ?

— Je ne sais pas, Monsieur. C'est l'annonce du *New York Herald*, pour le chauffeur. »

Alors, ils ne font plus attention à moi, m'engagent sans même me regarder et m'envoient, avec de l'argent, à la Belle Jardinière acheter une livrée. Rendez-vous demain matin.

Je dîne enfin. Je me rends à Levallois, chez un marchand de vins qui me refile des papiers de chauffeur. Mon âme pyrrhonienne s'ouvre à l'espoir. Je vais pouvoir attendre l'examen à Paris, préparer mes explications de textes, revoir ces terribles équations où pataugent — mon Dieu, tout comme moi — nos plus illustres métaphysiciens quand il s'agit pour eux d'appuyer leurs raisonnements d'une démonstration mathématique.

IV

Neuilly, la Patte d'Oie. Pontoise... Nous sommes très en retard, car mes maîtres ne se sont levés que pour déjeuner. La voiture glisse sur la route. Par quel miracle, je me le demande. Je n'ose jeter les yeux devant moi, tant le tablier est troué de manomètres noir sur blanc comme les tirs de foire, de jauges perfectionnées, d'indicateurs subtils, aiguilles rouges, graduations en platine, chiffres phosphorescents, niveaux à liquide bleu. Tout est en double : double allumage, double démarreur ; pour un peu, des freins sur les roues de secours ; douze pompes, etc. Ce n'est pas du tout comme la Ford ; c'est silencieux et traître au possible : en tremblant, j'essaie chaque commutateur, chaque levier...

... Ce matin, comme je sortais de mon hôtel meublé, la concierge m'a remis un papier. C'est ma convocation à la licence, dans la première série ; voilà ma chance. L'écrit est pour demain matin : cela commence au jour, dès sept heures. Pourvu que les patrons n'aillent pas ce soir au théâtre, que je puisse, cette nuit, repasser la « méta », potasser mon Hoffding.

Il est quatre heures de l'après-midi. J'ai l'impression d'avoir traversé la France. Nous devons être dans le Cotentin, en pleine lande. Nous arrivons au but de notre excursion, à la basilique romane de Perilevent.

Pendant la visite, j'ai voulu travailler ; mais je m'étais levé de si bonne heure que je me suis endormi sur *L'Expression des émotions* et dans les luxueux coussins Pullman en peau de daim. Mr. Seymour Caress me réveille ; il me conduit jusqu'au transept. Il contemple, à travers ses lunettes d'écaille, le vaisseau effondré.

« Tout ici, me dit-il, cache un enseignement moral. Animaux, symboles eucharistiques.

— Totems ou tabous ? répond Mrs. Caress, souriant dans son face-à-main.

— Synthèse de passions, ou emprunts décoratifs ?

— Who knows ? »

Mrs. Caress me prend à témoin :

« L'archéologie, dit-elle, c'est de la poésie. »

Elle m'explique qu'elle est l'auteur du *Mémoire sur seize statues symboliques observées dans les tours de Bourges* et que l'origine des cathédrales doit être cherchée au Soudan. Je me permets d'y contredire. Elle me répond :

« Taisez-vous. Faites votre plein d'essence. »

V

La nuit tombe plus vite que je n'aurais cru. Je n'ai pas l'habitude de ces phares américains, qui tournent comme des yeux. Nous crevons. Je change ma roue, en y laissant mes ongles. On dîne au Mans. Nous n'arriverons pas à Paris avant minuit. Et pourtant ne dois-je pas repasser *Le Plaisir et la Douleur* avant demain ?

La lune a disparu. Maintenon... Rambouillet. Je mets toute l'avance ; la voiture craque, bondit aux caniveaux, le pare-brise gémit, les portières tremblent. Aux virages, le pont arrière se plaint ; drôle d'odeur : j'avais oublié de desserrer les freins. J'allume : nous sommes dans la forêt ; nous roulons à cent vingt ; avec ces sacrés moteurs modernes, on n'entend rien, on ne se rend pas compte de la vitesse ; de chaque côté de la route, les arbres font comme un coup de bâton qui vous manquerait de peu et vous passe aux oreilles. Des lapins. Saint-Cyr... les pavés... un claquement sec du côté des ressorts. J'ai dû rompre ma lame maîtresse. Je n'arrête pas pour si peu, sinon je n'aurai plus le temps de revoir les sensualistes anglais.

Voici la côte de Picardie. Il est deux heures du matin. Comme les autos sont nombreuses... Elles allument et éteignent leurs phares. On dirait une sorte de conversation lumineuse. On voit passer, sous les feuilles, des ombres, des couples. Des moustiques se heurtent, les rayons lumineux roulent, s'abattent, puis la nuit, de nouveau, fauche tout. Nous traversons les bois de Saint-Cloud, des Citroën nous escortent, nous longent, frôleuses ; des femmes se penchent ; une grosse conduite intérieure nous dépasse, prend la file, siffle comme pour nous montrer le chemin.

Mr. Seymour Caress frappe à la vitre.

« Arrêtez », dit-il.

Je coupe l'allumage.

À travers les arbres, je vois Paris illuminé. Une odeur liquide d'eau et de lune flotte sur le Stade français.

« Apercevez-vous la passerelle ?

— Nous y sommes, Monsieur. »

Alors mon patron tire de la poignée de sa canne un petit sifflet et appelle trois fois.

« Pardon, monsieur, dit-il, nous venons pour la garden-partouze. »

Un homme en casquette, qui marinait dans la nuit, interrompt son guet :

« Ce soir, y a du pet par ici, le monde s'est tiré. C'est aux Fausses Reposes, mon prince. Au deuxième tournant à main gauche, après Viroflay ; vous trouverez la Laitue, le mec qui fait la quête en chapeau melon ; y vous montrera.

— Éteignez les phares.

— Bien, Monsieur. »

Trois fois, nous nous trompons de route. Nous tournons le dos à Paris. Enfin, dans le noir, voici l'aérodrome de Villacoublay avec ses feux triangulaires pour les atterrissages nocturnes. Encore un kilomètre. Soudain, devant nous, on frotte une allumette. Le patron frappe de nouveau à la vitre. Je bloque les freins. J'attends. Quand mes yeux se sont faits à l'obscurité, je découvre à mes côtés, en file, une vingtaine de voitures. Il y a même un autocar qui a amené des clients de la place de l'Opéra. Tous les feux sont éteints. Aucun chauffeur. Qui donc peut donner, aussi tard, une réception en cet endroit perdu ? Je reste immobile, à mon siège. Mon cache-poussière fait une tache blanche dans la nuit. Mr. et Mrs. Seymour Caress ne descendent pas de leur voiture. Mais ils y reçoivent, sitôt arrêtés, à mon étonnement, des visites fantômes. D'autres leur succèdent, tantôt des messieurs, tantôt des dames. Mes patrons connaissent un monde fou. À leur tour, ils ouvrent la portière et je les vois monter dans une six-cylindres qu'ils quittent, un moment après, pour un cyclecar où l'on aurait tenu deux à peine et qui décolle avec un bruit d'enfer.

Las d'attendre, j'allume ma lampe de tablier et je saisis mon manuel.

Mais voici un fantôme qui tourne autour de la voiture. C'est un jeune homme nu dans un pardessus. Je devine, ce doit être le départ d'une course à pied.

« Tes patrons sont bien ceux de l'annonce 2652 ?

— Je l'ignore. »

Alors, il me tend un entrefilet encadré de rouge. Je lis :

2652. *Couple étranger assoif. idéal désir. conn. autr. coupl. paris. ay. compreh. larg. vie pr part. campagne.*

Je rends le papier. Je reprends ma Psychologie. Chap. XVIII… La Volonté… Je ne veux rien savoir des plaisirs du grand monde occidental. Je vois d'ici mon petit bien dans les roseaux du Danube, au dégel, lorsque les quartiers de glace sautent avec le bruit du canon…

Quand Mr. et Mrs. Caress revinrent, sans bruit, comme des anges violets, ils me trouvèrent terrassé par le sommeil. Dans mon rêve passaient mes professeurs : Brunschwig clignotant mais impitoyable ; Dumas, conquistador perfide aux candidats ; Basch, dont la bouche, au lieu d'un cours d'esthétique, rendait des pneus câblés ; bref, toute l'horreur du « rêve d'examen ». L'aube commençait à pâlir et à purger cette savane de banlieue. Sur la Seine, des remorqueurs stagnaient.

Je n'avais que le temps de rentrer ma voiture au garage et de me faire préparer par ma concierge les frites et le litre de café noir que tout candidat porte dans son estomac serré, en montant à la Sorbonne.

ÉCHO, RÉPONDEZ !

J'avais toutes raisons de devenir l'ami de Marie-Louise R... ; sinon de devenir son ami, du moins d'entretenir avec elle de spécieuses relations, comme on a coutume d'en répandre, à Paris, sur un certain nombre de tapis, tout en laissant son cœur à domicile. J'étais lié avec sa famille. Elle comptait parmi ses animaux familiers quelques-uns de mes camarades. Nous possédions les mêmes habitudes, des maisons voisines, enfin nous appartenions à la même génération, c'est-à-dire à une même secte secrète, à un même peuple invisible. J'occupais donc toutes les approches. Cependant, elle ne voulut jamais me connaître ; j'entends, — elle ne pouvait, à la longue, éviter que je lui fusse présenté, — me recevoir chez elle, ou, quand je la rencontrais chez des tiers, se départir envers moi d'un ton brusque, cesser de marquer une inattention résolue à mes propos. En public, elle témoigna délibérément que je n'existais pas. Jamais elle n'oublia de m'oublier. Je m'enquis si je l'avais irritée, si elle était prévenue contre moi par tant d'amis communs, si on m'avait calomnié ; je ne pus rien savoir. Des gens lui parlèrent en ma faveur. Elle préféra ne point répondre.

Marie-Louise était grande comme le sont rarement les Françaises, avec une peau qui semblait une imitation de la peau, tant elle était pâle, unie, sans un accident, sans une lumière, sans un ravin, décolorée par l'urbanité. Au-dessous des sourcils voûtés, les yeux violets, adoucis par des pleurs qui ne coulaient jamais, produisaient une impression qui dépassait les limites du huitième arrondissement. Tout en affectant de n'ajouter pas foi à mon existence, Marie-Louise ne put ignorer que je l'admirais. Je voulus pousser plus loin. Vainement ; j'en fus pour mes concerts. Je quittai Paris, il y a trois ans, pour un très long voyage, sans qu'elle eût jamais changé de visage.

Dans les premiers temps, il m'arriva de m'appuyer à son souvenir, mais ma mémoire visuelle — ce seul bâton de vieillesse de mes aventures — elle-même me trahit. L'image de Marie-Louise, comme toutes celles des personnes auxquelles on va ne plus penser, grandit, s'anémia à force de croissance, puis se pencha, et disparut dans cette dissolution poisseuse, chargée de déchets organiques qui porte le nom inutilement abstrait d'oubli…

Quelques années plus tard, je naviguais à cinq mille kilomètres de Paris. Depuis deux jours, nous avions quitté la terre au milieu d'une tempête que rien n'épuisait. Comme il faisait très chaud, je dormais le jour dans ma cabine, où l'on m'apportait du bouillon froid et les radios. À minuit, je montais sur le pont et j'y demeurais jusqu'à cet avertissement vert, à bâbord : le premier signe du jour. Chaque matin, peu après trois heures, sans que s'abaissent les vagues, collines molles frottées de lune, le vent faiblissait. J'en profitais pour faire de la marche ou de la course, sans bruit, sur des semelles en caoutchouc. Une nuit, je m'arrêtai devant une cabine de pont, éclairée, dont le hublot n'était pas fermé. Se croyant seule, une jeune femme prenait un bain. Je la voyais nue et mal mouillée, car elle se lavait à l'eau de mer. C'était Marie-Louise. Elle-même ? J'auscultai mes souvenirs : oui, les mêmes yeux violets ouverts au vide, les mêmes cheveux droits ; non, plutôt qu'elle-même, quelqu'un qui la reproduisait trait pour trait ; une sœur ? Un surmoulage ? Tout cela rendu avec une telle précision... Je demeurai longtemps dans l'ombre, tour à tour si certain que c'était elle, ensuite que ce n'était plus elle, si attentif, que ma tête tournait. Le long d'un ciel immobile, le paquebot faisait chavirer son cadre noir en cordages. Des deux mains, la jeune femme se tenait à sa baignoire dont l'eau, à chaque coup de mer, se répandait sur le sol.

Je notai le numéro de la cabine. Celle qui l'habitait se nommait Mrs. Amelita W. Le lendemain, je lui fus présenté. C'était l'épouse d'un astronome ; elle allait rejoindre son mari dans les mers du Sud. Elle ne parlait pas français. Lorsque je lui demandai si elle avait quelque parenté avec Marie-Louise R..., elle me regarda sans comprendre. Elle n'était jamais venue en France, ni même en Europe ; elle n'y connaissait personne.

La première chose qui tombe à la mer, au cours d'une longue traversée, c'est le temps. Je ne puis déterminer les heures qui s'écoulèrent entre ses premières paroles et la nuit où Amelita cessa de se débattre et où je l'installai près de moi, sur le pont, dans des coussins faits avec les drapeaux de nations étrangères. Le plaisir que je pris fut d'abord indirect ; quand je la touchais, il me semblait qu'à cinq mille huit cents kilomètres, au 26 de la rue Miromesnil, ce doigt faisait ponctuellement éclater une sensation chez Marie-Louise. Les mystiques assurent qu'aucune prière n'est perdue à travers les espaces ; aucun baiser non plus. À distance je me vengeais de Marie-Louise ; j'envoûtais quelqu'un qui m'était hostile, mais au lieu d'une effigie de cire, j'obtenais pour cet enchantement le concours le plus animé. Naturellement Amelita me facilitait les choses.

« Je ne sais ce qui, avec vous, m'interdit toute ruse, soupirait-elle. Jamais je n'ai été ainsi. Dès le premier jour, il m'a semblé que je vous connaissais déjà. »

Oserait-on dire que le monde est peuplé de correspondances inconnues, d'allusions vivantes, d'invisibles symétries ? Nos actes ont-ils double face ? Ou ne sont-ils que réfraction, comme ces rayons qui, traversant certains cristaux, se divisent en deux ?

À la tempête chaude, le paquebot se livrait sans conditions. Pour plus de fraîcheur, des passagers venaient, comme nous, dormir sur le pont. Ils jonchaient le plancher, pareils à des morts à la fin d'une tragédie. La mer, soudain, prenait la place du ciel, puis le ciel, la jetant à bas, remontait. On entendait tomber les assiettes, et les verres oubliés dans le fumoir se briser comme les glaces des boutiques dans une émeute ; parfois le steward passait à quatre pattes, une cuvette entre les dents.

Dix-sept nuits coulèrent ainsi. Amelita et moi, nous nous aimâmes comme l'on s'aime quand on n'a absolument rien de mieux à faire. À la première escale, elle descendit. Je ne la revis jamais.

Je revins, heureux comme un déserteur amnistié. Paris prenait sa belle pelure de printemps. La tour Eiffel n'avait pas encore de feuilles. Quelques jours après mon arrivée, je rencontrai Marie-

Louise. Elle me reconnut et, à mon étonnement, m'envoya, la première, un sourire ; elle avait des dédommagements plein les yeux.

« Pourquoi suis-je contente que vous soyez rentré ? » me dit-elle.

LORENZACCIO
OU
LE RETOUR DU PROSCRIT

I

Bien que son attente durât depuis quinze mille soirs, c'est-à-dire depuis quarante-deux ans environ, Tarquinio Gonçalves était impatient de rentrer chez lui. La nuit tardait à venir. Couché depuis le matin dans l'herbe du lazaret, sur la rive gauche du Tage, en face de Lisbonne, il avait vu maintenant tout ce que le soleil peut faire, dans une journée, avec une de ses villes préférées ; on renonce à en dire les jeux. Sans que le Portugais eût à rejeter vers ses tempes ses yeux à sclérotique jaunâtre, il découvrait vingt kilomètres de côte, depuis le couvent des Yeronimes, Belem et sa tour d'échecs, ivoire ouvragé, jusqu'au nord, les salines de Sacavem, cette neige.

Dès l'aube, on avait débarqué l'homme d'État, à l'heure où Lisbonne dort sous la buée atlantique. Cette moustiquaire rejetée, la ville, dans ses couleurs plates, était apparue, aujourd'hui encore ce qu'elle fut pour le XVIIIe siècle, une ville modèle, conforme à l'urbanisme, mais aussi à une plus rare beauté.

« Vasco de Gama, pense Gonçalves, passa à genoux la nuit qui précéda son départ de Lisbonne pour les Indes. Ainsi célébrerai-je mon retour d'exil. »

Il s'agenouille et il pleure. Allongé sur le béton craquelé — parce qu'il est de la lignée des proscrits romantiques —, il arrose de ses larmes l'herbe brûlée qui pèle autour des affûts aux armes des Bragance. Les sirènes font trembler l'air du port avec leurs chants du départ. C'est dimanche et tous les carillons retentissent : la ville vibre, comme un verre sous le doigt mouillé. Puis, des jumelles encore troubles pendues à son cou, Tarquinio Gonçalves s'endort, la bouche ouverte, pleine de dents éclatantes, ses cheveux crépus et teints fondant au soleil comme l'asphalte, les lèvres bleues, la narine évasée. (Pendant qu'il dort, rappelons que son grand-père maternel était gouverneur du Mozambique.)

Vers le soir, quand Tarquinio Gonçalves se réveille, Lisbonne a pris tout son relief. Présentée comme sur un chevalet, dressée sur la pente de la montagne, elle monte jusqu'à ce ciel portugais où règne, en face du soleil, Auguste Comte. À l'horizon, des moulins ; le même vent qui, en bas, enfle les voiles, en haut, moud le grain. Invisible, redescend derrière Lisbonne le versant atlantique, tout baigné de contre-alizés et autres souffles équatoriaux. Gonçalves pense que, grasse ou maigre, torride ou ombreuse, la vie aussi semble obéir à la loi du partage des eaux. Et peut-être même les maisons ; c'est ainsi qu'à droite, il y a son aride palais de ville, tandis qu'à gauche, c'est sa résidence d'été, au sud de Cintra, derrière ces monts d'Ajuda, qui s'avancent, au point le plus occidental de l'Europe, comme un balcon de camélias et de fougères, fleuri sur le vide des mers.

Voici qu'avec la nuit, provoqué par la marée, le Tage vire de bord et remonte, comme pour fendre en deux le Portugal. La ville s'éclaire, et c'est une de ces vues d'optique derrière lesquelles passe la bougie. Au milieu du fleuve et toujours de l'avis du courant, les paquebots de la Royal Mail, des Messageries et aussi un transatlantique de la Booth Line, sont pris à la nasse conique de l'estuaire ; plus loin, les voiles rouges des pêcheurs d'Ovar sortent de la mer de Paille, cette hernie fluviale. Derrière l'Afrique, le soleil est tombé, en robe rouge ; le monde est jugé. Les gares fument.

II

Au dos de l'abbaye de Westminster, sur des fonds humides, à l'endroit de Londres le plus brumeux, sans doute sur l'emplacement d'un gué où, avant les huit millions d'habitants, les bœufs sauvages venaient boire l'eau boueuse autour de leurs sabots, se trouvent de petites rues d'un XVIIIe désolé et anglican, avec des logements meublés pour gradés sans avenir universitaire, c'est-à-dire sans succès sportifs. Tarquinio Gonçalves était venu se fixer à Londres après sa déportation à São Thomé (où il n'avait séjourné que douze ans, libéré par une amnistie). Il y avait vécu vingt-sept années. Jamais il n'en était sorti, même par les jours les plus chauds, même pour ce Bank Holiday du mois d'août qui lui rappelait ses plus mauvais moments d'internement ; jamais il n'était allé à sa Légation pour les anniversaires. À neuf heures, chaque matin, le Portugais se rendait à la bibliothèque du British Museum. Les jours de fête, il restait couché.

Tarquinio Gonçalves, qui a oublié ce Gambetta portugais ? Il a manqué sa vie, c'est entendu. Antidynastique sous la monarchie et puni comme tel, il perdit, trop tiède démocrate, ses meilleurs amis lorsque les républicains vinrent au pouvoir. Isolé par son désintéressement, ses hautains refus d'alliances ou de prébendes, libéral mais antifranc-maçon (ne fit-il pas fermer les *loges* des Indes ?), traditionaliste mais ennemi des jésuites, il n'avait pas tardé à être généralement haï. Sa moralité politique lui rendait la vie difficile. Seul un hasard l'avait fait chef de gouvernement, sous la Régence. Il y joua le rôle que l'on sait. Il se montra brillant orateur mais autoritaire, exaspéré par les moindres attaques de l'opposition. D'où : censure, suspension de journaux, jugements sommaires. Craint des hommes qui proclamèrent la loi nouvelle à l'Hôtel de Ville, suspect d'anglophilie, redouté par ceux qu'il appelait « des universitaires ivres de signer des décrets absurdes pour le plaisir de voir leur nom dans le *Diario do Governo* », en butte à l'hostilité des membres des sociétés secrètes qu'il accusait de conspirer à vide au lieu de faire baisser les prix de la morue, il eut bientôt la nation contre lui. On l'accusa à son tour de poursuivre des fins personnelles. La monarchie l'avait envoyé au fort de Caxias ; la Régence lui réserva l'île de São Thomé ; quant à la République, elle le laissa à Londres, en exil, dans ce couloir de Great College St. où sa pensée le ramène ce soir.

Un jour de la lumière de Lisbonne et tout sera oublié… Au fait, pourquoi n'est-il plus à Londres ? Soudain, il se rappelle la nouvelle Reuter lue le mois dernier dans cette *Pall Mall Gazette* achetée chaque nuit à l'entrée du tube :

À LISBONNE
LE PROFESSEUR AMARANTE
FORME UN MINISTÈRE DE CONCENTRATION

Voilà Narcisso Amarante, son condisciple du lycée Henri-IV, son ami d'enfance, professeur de physiologie végétale à l'université de Coïmbre, choisi comme président du Conseil en une heure difficile. Gonçalves l'avait prédit : les républicains ont été trop loin ; la guerre, avec ses courants d'air, n'a pas épargné le Portugal ; le bolchevisme le choisit, plus qu'aucun autre pays d'Europe ; l'électricité va d'abord aux pointes, pense le proscrit. Un ministère d'union est devenu nécessaire. Mais Amarante, savant bon et faible, fera-t-il frein ? Il gémira comme un frein mais arrêtera-t-il ? Cet ami généreux qui, le soir même de son arrivée au pouvoir, lui envoya un télégramme à Londres l'invitant à rentrer au pays, et grâce auquel le voici de retour, Gonçalves doute qu'il puisse tenir. Ces navires de guerre qui dorment maintenant sur le Tage obscurci, comme des caïmans, Gonçalves les devine pleins, derrière leur blindage, d'officiers séditieux, de marins aigris, de mécaniciens pervertis. Quelques mois encore de concessions à Moscou, et la révolution éclatera ; les forts de Lisbonne cracheront du feu ; le *Quatorzième-de-mai* à tourelles blanches jumelées tirera sur les poudrières qui voleront en éclats ; le *Dix-septième-de-septembre* (ex-*Kronprinzessin Cæcilie*) fera sauter le *Cinquième-d'août*, le *Vingt-deuxième-d'octobre* piquera du nez dans le Tage, touché dur par les batteries de l'arsenal et ce malheureux pays, tordu par les révolutions comme par des coliques, reprendra son calvaire d'invasions, de tremblements de terre et d'assassinats politiques.

III

Ainsi pense Tarquinio Gonçalves, descendant vers Almada. C'est en proscrit qu'il rentre à Lisbonne et secrètement, car le gouvernement n'est pas assez solide pour lui payer un triomphe. Il salue les anciennes maisons portugaises, dont les toits sont relevés aux angles comme ceux des pagodes. Il longe la prison aux fenêtres grillées et sans vitres. Cela lui rappelle ses incarcérations, le pantalon de bure (auquel, par coquetterie, il maintenait un pli britannique) ; ses promenades sous le préau de Villa Nova, feutrées, en pantoufles de détenu ; sa cellule de Pedras Tinhosas, ornée de découpures de boîtes à cigares et sur la table un volume de Gil Vicente, ce Plaute portugais ; ou encore le pénitencier de Bombom, quand, en cagoule, il faisait l'office de second conducteur à la génératrice d'électricité.

Tarquinio n'a rien oublié. Mais il est fort, il a résisté à toutes les geôles. À travers les barreaux, les prisonniers laissent descendre une boîte à conserves, au bout d'une ficelle. Il jette un douro, qui tombe dans l'huile de thon, reçoit sur la tête des bénédictions et continue le chemin bordé d'aigus aloès africains. Sur le môle, le batelier l'attend. On amarre au bac, en remorque, et les deux embarcations traversent le Tage. Une fois hors du courant, Lisbonne est gagnée à la rame.

Gonçalves ne reconnaît plus la ville. De son temps, elle descendait, avec ses jardins, jusqu'au bord du fleuve, pour s'y rafraîchir. Aujourd'hui, elle lui tourne le dos, allant chercher ses élégances vers des quartiers absurdes. On a construit un port, comme si le Tage n'en était pas un. Une partie, soumissionnée par des entrepreneurs espagnols, s'est effondrée et voilà au moins des ruines pittoresques ; mais l'autre est un port français rationnel, aggravé d'entrepôts et de perfectionnements modernes.

Gonçalves atterrit à l'est de la place du Commerce dont les marches atteignent l'eau. Il pose sur la moins glissante son petit pied chaussé d'antilope grise, à haut talon de ténor. Devant lui, ses anciens esclaves, les Ministères rangés en bataille, la toute-puissante administration portugaise ; à droite, au coin des arcades, la place où fut abattu le Roi, Majesté très Fidèle, roi des Algarves, seigneur des Guinées et des Conquêtes.

Gonçalves sourit en se voyant entouré de policiers et de vieilles connaissances : l'opportuniste amiral Silva da Lima, son ancien ministre de la Marine, Mauvel de Lobos, un beau Portugais blond de Galice, de race celte, Amandio Abreu, ancien chef protestataire, bandit à visage olivâtre ; son fidèle Rodrigues Cardoso, enfin. Tous, même les traîtres, même les policiers, il les embrasse et, après les avoir congédiés, s'éloigne l'âme triste, pleine d'une antique et maure mélancolie.

IV

Le Dictateur hume l'air, de son nez camus. Toujours les vieilles odeurs de Lisbonne, le poisson d'abord, puis le café frais moulu. Il longe la rue Augusta suivant le trajet parcouru, les jours de révolution, par les obus qui vont des torpilleurs du port aux cafés politiques du Rocio. Ces cafés, aussi pleins de conspirateurs que de son temps — combien de fois il avait fait fermer ces antres des *fourmis blanches* —, s'ouvrent comme des gueules parfumées d'arômes brésiliens. Les groupes vacillent à l'annonce des numéros de loterie et des nouvelles politiques, font des ombres chinoises devant les transparents de journaux ; sur tout cela passent ces vents giratoires qui viennent en vingt-quatre heures des quatre points cardinaux, une spécialité du pays. Lui, traverse ces gesticulations les bras soudés au corps, très anglais, libre comme un prisonnier déferré. Puis il gagne l'avenue de la Liberté, gravit une rue raide et, sur une petite place secrète, il découvre son palais. Il revoit la porte cochère surchargée des armes de sa famille et de lourdes sculptures manuélines représentant des fruits indiens, des ancres, des cordages, des singes, toute une géographie pétrifiée. Les grandes résidences du quartier, bâties avec un luxe inouï, disent de semblables histoires de fortunes englouties dans les procès, les exils, les révolutions ou les scandales financiers. Comme toutes les autres, sa maison a été louée ; il ne sait même pas à qui.

La grand-porte est entrouverte. Gonçalves ne peut résister au besoin de la pousser comme il faisait, enfant, quand il n'était pas assez grand pour atteindre le marteau. Derrière, un portier en redingote américaine à galons de soie noire. À la façon dont il est salué, Gonçalves comprend qu'il est dans un endroit public. On l'invite à monter. Dans l'antichambre, à hauteur d'homme, il reconnaît l'ancienne frise de faïence aubergine relevée de jaune, représentant le faste de batailles antiques ; au-dessus, jusqu'aux poutres du plafond, le mur, couvert de damas groseille, montrant de la chaux blanche par ses déchirures. En haut de l'escalier monumental, alourdi d'une rampe d'acier et cuivre célèbre dans Lisbonne, un Levantin en smoking accueille le proscrit et lui facilite les choses :

« Monsieur a dû oublier sa carte. C'est dix réaux. »

C'est ainsi que Tarquinio Gonçalves apprend que sa maison natale est devenue un club de nuit.

V

Il restait là, fatigué, les pieds en dedans, sans pouvoir croire qu'il était dans le salon de sa mère où tant de raouts et de bals, exploits mondains demeurés fameux, avaient eu lieu. Quatre autres salons suivaient, en enfilade, à boiseries dorées, lamées de glaces incrustées ; sur les trumeaux le G des Gonçalves, en coquillages massifs, et, au centre, panier de lumières, un lustre de Venise, d'une pâte laiteuse, représentant le Bucentaure avec tous les cordages en verre filé. En dessous, le tapis de jeu. Chaque salle, avec des roulettes trop penchées et des croupiers en embuscade. Ici le baccara incertain, là, la « coupe française », ce jeu inconnu chez nous, comme presque tout ce qu'à l'étranger on nomme français. Dominant les cartes, un public de choix. Des décavés en smoking et pantalon gris, des infortunés, des complaisants, des sous-officiers en absence illégale, des aventuriers d'Angola, des filles venues des bordels de Toulouse, et quelques étrangers, des négociants en vins anglais et des Allemands, commis voyageurs en stupéfiants. Parmi le bruit des jetons et de la limonade débouchée, le numéro sortait, s'éclairait, et le râteau du croupier décrivait l'inquiétant demi-cercle.

Tarquinio Gonçalves cracha par terre.

« Peuple mou[1], peuple de suicidés, à l'art triste, aux plaisirs noirs, malgré tant de dons du ciel et

1. L'auteur ne partage envers la noble nation portugaise aucune des opinions de ce héros aigri.

de la terre ; triomphe de la canaille, démagogie “droit pour les poux de manger les lions”, grèves, sociétés secrètes, élections truquées, déficits budgétaires, et ce palais : un claque-dents. »

Il levait les yeux vers le plafond à fausses colonnes, en perspective fuyante, qui s'élevaient jusqu'à un ciel où passaient, parmi des nuages décoratifs, des déesses possédées par des aigles libertins.

Le jeu — et quel jeu ! — comme partout où il y a du Portugais, les naufrageurs de Guinée, les roulettes de Mozambique affermées à la Société des Pompes funèbres, et Macao, ce tripot de l'Extrême-Orient où les pavés en mosaïque d'une place publique dessinaient jadis des numéros, pairs ou impairs, de sorte que les habitants pariaient de leurs fenêtres, laissant descendre leurs enjeux dans de petits paniers suspendus à une ficelle.

« Prêtez-moi de quoi souper, j'ai tout perdu. »

Tarquinio Gonçalves mit son monocle sous un sourcil broussailleux et se tourna, tout d'une pièce. Celui qui parlait était un marin du torpilleur *E 87*, un homme du peuple, très jeune, des côtelettes à peine dessinées sur les joues pâles, les cheveux gras, des dents de loup. Gonçalves vit en lui un de ces voyous flexibles et débauchés de la flotte qui, par leur mauvaise tenue et leur insolence, jouissent dans les arsenaux et aux postes d'équipage d'une autorité sans conteste. Il fut sur le point de répondre plusieurs choses, mais n'en exprima aucune. Il tira de son portefeuille un billet, le mit, d'un geste brusque, dans la poitrine du marin, issue d'un jersey très décolleté, lui tourna le dos et sortit.

VI

Malgré les sollicitations de ses amis, Tarquinio Gonçalves refusa de séjourner à Lisbonne. On lui proposa de lui faire rendre l'usage de son palais ; il n'accepta pas. D'ailleurs la promesse était vaine car ceux qui avaient amené le Gouvernement au nouveau pouvoir prélevaient leur part sur les jeux et n'auraient pas toléré qu'on fermât ce cercle. Gonçalves se retira dans sa maison de campagne, sa *quinta* située à une heure de Lisbonne, derrière les monts d'Ajuda.

Là, sans se départir d'une élégance urbaine, il cultiva les roses et l'on put le voir en jaquette, pantalon à damiers et guêtres britanniques, tenant un sécateur entre ses gants beurre frais ; en récitant Camoëns, il attendait que la situation empirât. Le professeur Amarante ne tarda pas à donner aux partis extrêmes des gages qui l'amenèrent à la limite des concessions. Dans ce pays où les Ministères sont mangés encore verts par l'opposition, son tour vint vite. Ce fut plus que la fin d'un Gouvernement, presque celle d'un régime. L'argent de Moscou avait été répandu à pleines mains au cours de l'hiver. Des troubles éclatèrent. Un Comité à tendances communistes, après que les grenades eurent commencé à mûrir sur les barricades, en réponse aux trombes d'eau que des obus réactionnaires soulevaient dans le Tage, prit possession de Lisbonne.

Pendant ce temps, lance en main, Tarquinio Gonçalves irriguait son jardin laissé à l'abandon durant son exil et devenu forêt. Il distribuait l'engrais, arrachait l'ivraie aux racines profondes. La végétation qui, sur cette rive atlantique, s'écoule au creux des failles volcaniques, pareille en richesse aux jungles de Ceylan ou aux *chines* de l'île de Wight, alourdie de rhododendrons géants — sur les fonds sombres des fleurs éclatantes comme de la cretonne glacée —, entourait une maison Louis XV, rose, tourmentée comme une conque, bordée de blanc aux angles et aux encadrements, une des seules de la région qui eût résisté aux tremblements de terre. Des meubles maladroits, d'influence anglaise, venus de Porto, l'ornaient, sous de tendres plafonds pistache relevés de stuc blanc. Gonçalves y avait retrouvé son vieux jardinier, ses livres piqués de rouille ; aux jours, sinon de froid, du moins de vent, il prenait, comme jadis, un café très noir, lentement filtré, dans un jardin d'hiver du temps de don Pedro, où poussaient des palmiers, des perroquets et des potiches chinoises à perspectives déréglées.

La belle saison revint. Les révolutionnaires au pouvoir avaient exécuté ou exilé les chefs de l'opposition et régnaient par la terreur. Beaucoup de leurs adversaires gagnèrent à temps l'étranger. Le professeur Amarante était réfugié au Brésil. Gonçalves n'avait pas été inquiété. Il se croyait en sûreté. Mais sa présence était un reproche muet. Bien qu'il eût chassé les journalistes, condamné sa porte aux admirateurs, aux fous, aux photographes, tout ce qui, au Portugal, aimait l'ordre avait les yeux tournés vers celui qui n'avait pas fui. De l'homme au prénom romain, on attendait le salut. « Le vieux lion ne rugirait-il plus ? » demandait une complainte populaire. Le Comité exécutif en prit ombrage. La correspondance de Gonçalves avec Londres fut saisie : il s'y exprimait sans ménagements sur le Gouvernement. Un matin de mai, sa perte fut décidée.

VII

Ce soir-là, Tarquinio Gonçalves avait dîné dans la salle à manger d'été. Vidant son verre, sa tête renversée pouvait apercevoir un plafond concave incrusté de fragments de porcelaine, comme des débris dans un nid d'hirondelle. C'était une ancienne coutume portugaise que, lorsqu'une maison avait été honorée de la visite du Roi, l'on brisait ensuite tout le service de la Compagnie des Indes dans lequel le souverain avait mangé ; pour commémorer ce souvenir, on amalgamait au ciment des voûtes la vaisselle cassée. Gonçalves se rappela que cette demeure avait reçu plusieurs rois. Il se jugeait, dans l'apaisement du soir, supérieur à ces couronnes mortes ou déchues. Il se regarda dans une glace, sans mélancolie. Ses rides, représentation graphique de sa vie, le firent sourire. Désirant peu de chose, il se sentait maître de tout. Non qu'il fût en sécurité. Mais il faisait des boulettes avec les lettres anonymes et les donnait aux poissons. Il avait trop vécu sur des océans tourmentés, trop conquis de libertés à son pays et à lui-même pour redouter des bandits ministériels. D'ailleurs sa famille s'honorait de bien des morts violentes. Rodrigues Gonçalves, gouverneur de Zanzibar, égorgé au XVIe, Amandio Gonçalves mortellement blessé un peu plus tard au siège de Malacca ; son aïeul maternel Manuel Païva, l'un des premiers en date des journalistes portugais, rédacteur des *Ephemerides nauticas*, assassiné en plein café, et Lourenço Gonçalves, évêque de Porto en 1833, exécuté par un mari jaloux, dans une armoire.

Tarquinio Gonçalves sortit dans le jardin. Le basilic, les poivriers, le thym exhalaient, stimulés par des sources chaudes invisibles et partout présentes, des fragrances. Il s'assit sur un banc de faïences bleues et alluma un cigare. Il faisait moite. Sa peau aux larges pores suintait, comme un tourteau oléagineux.

Dans le silence du soir, un magnolia mûr tomba avec le bruit d'un pot cassé et répandit ses graines sur le sol, laissant flotter un arôme de musc et de citron. Gonçalves se retourna. Plus rien. Mais ce n'était pas que le silence, c'était un silence habité. Il se leva, mit son monocle. Ses yeux de milan creusèrent le feuillage épais. Puis il se redressa, les coudes en arrière, la poitrine bombée par le corset ; au doigt, un diamant du Brésil jetait ses feux menaçants :

« Sortez, monsieur ! »

Sa voix fit trembler la vallée molle.

« Sortez, je vous l'ordonne. »

Alors, hors des feuilles, tranquillement, un homme apparut et referma le buisson derrière lui, comme une porte. Il était vêtu d'un uniforme de marin de la flotte, d'une chemise kaki et coiffé d'une casquette à carreaux.

Il se dandinait comme, derrière lui, le cacatoès dans sa cage de porcelaine. Gonçalves reconnut le joueur décavé qu'il avait secouru au cercle, le soir de son arrivée à Lisbonne.

« C'est insupportable ! dit-il, encore quelqu'un qui vient pour me tuer.

— Oui.

— Vous pourriez dire : oui, Excellence. »

L'assassin ricana.

« Des Excellences, il n'en faut plus.

— Il n'en faut peut-être plus, mais il y en aura toujours. Jadis, en Portugal, tous les marins étaient des Excellences. Ceux qui ont conquis la mer ont toujours été exaltés. Ils s'embarquaient pour les Indes, pieds nus, le cierge à la main, bénis par les moines de Thovar. Ils revenaient chargés de ces découvertes qui faisaient craquer le monde et mouraient pauvres et honorés. Aujourd'hui, il n'y a plus de marins, il n'y a plus que des mécaniciens lancés sur l'eau dans des bateaux en fer, pareils à des locomotives, des voyous comme toi.

— Tu causes bien. Ça aussi. »

Le matelot sortit un pistolet automatique.

Gonçalves se dressa contre lui.

« Pose là ton outil. Bien. Sors l'autre aussi. Ça me serait égal d'être tué par quelqu'un qui aime tuer, mais toi, tu es bien de ta génération, tu n'aimes rien. Tu as besoin d'argent, simplement.

— C'est moi qui ai descendu l'amiral Rosa Barocca.

— Tu devrais t'en tenir aux amiraux. Tu n'es pas fait pour les meurtres de terre ferme. Ça ne m'étonne pas que tu m'aies emprunté de quoi souper. Chaque fois que tu mettras le pied hors de ton bateau, tu cesseras d'être un favorisé du sort, comprends donc, d'être un aristocrate. Rien qu'un pauvre bougre opprimé par ses besoins.

— Pourquoi m'avez-vous donné tant d'argent, l'autre soir ?

— … Parce que tu es beau, avec tes bras blancs de criminel ingénu, parce que tu as dix-huit ans et la peau sans rides, et la figure phénicienne des pêcheurs d'Ovar, parce que tu es victime de pions en redingote, parce que tu danses bien… »

La voix de Tarquinio Gonçalves était rauque qui disait :

« Je te donnerais bien plus encore… »

Il avançait la main vers le cou nu du marin. Celui-ci prit peur, feinta et saisit l'homme d'État à bras-le-corps. Dans l'obscurité, leurs respirations se mêlaient, d'une douceur d'ail ; l'une contre l'autre, on entendait crisser les barbes, se casser les manchettes, sauter les boutons. L'embrassement dura. Puis il y eut un gémissement de lutteur terrassé, poussé par le plus jeune.

« Vous me faites mal… assez… »

La voix de Gonçalves accrue par un besoin tyrannique s'élevait des grenadiers :

« Moi, je vais te dire ce qu'il te faut… »

La lune apparut et la nuit fut surprise. Une lumière débarbouilla les deux hommes, mêlant leurs ombres en une, qui avait la forme d'un bovidé fantastique. Le gravier brilla comme une bijouterie.

Parmi le parfum innocent des tilleuls, debout, rompu à toutes les voluptés pénitentiaires et coloniales, Tarquinio Gonçalves tenait le jeune marin entre ses genoux de fer. Sous les étoiles, et parmi des plantes plus douces, soufflait au milieu de son plaisir le vieil homme d'État en jaquette et plastron de piqué blanc.

La victime se releva.

Immobile, obscur, d'un dandysme de cyprès, toujours coiffé de son chapeau Cronstadt, l'ancien proscrit la regardait remonter son pantalon. Puis, sèchement :

« Retournez à Lisbonne. Dites-leur que l'assassinat de Tarquinio Gonçalves ne se traite pas à l'entreprise. Hep ! vous oubliez cela… »

Il tendit au marin deux chargeurs d'acier, aux balles intactes, et y ajouta une rose.

LE CIRCUIT CIRCUM-ETNA

Sur les plans, les villes s'offrent, différentes. Les unes sont des cellules serrées autour d'édifices municipaux, puis s'élargissent, tirées droit vers les jardins, les hôpitaux et la gare, dans une crevasse qui fait éclater tout un quartier et que termine le paraphe des voies ferrées. D'autres sont fendues par un fleuve, par des jetées qui prennent et calment la mer entre leurs bras. D'autres enfin composent des grilles où les stades, les arènes et les cimetières ont peine à allonger leur ovale, à tracer leurs croix dans l'orbe des anneaux saturniens, boulevards extérieurs.

Sur la place, quand la lumière manque à ses promesses et que survient la nuit qui simplifie tout (l'obscurité rapproche plus que le jour n'a séparé), il y a moins de différence entre les villes et le voyageur arrivé le soir même peut, par expérience, retrouver seul sa route, ou, s'il n'a pas de route, son divertissement. Aussi est-il rare que dans l'émoi d'après-dîner, posé au centre de la ville, servi par toutes les ressources de l'éclairage, se sachant ignoré, séduit par l'immédiat, le provisoire, le différent, profitant de cette solitude profonde pour aimer tous les hommes, le visiteur ne rencontre pas ce qu'il cherche.

Autour du dôme sont les cafés et les cercles, parés de glaces ; ces raquettes rejettent les images avec violence. Jamais de femmes ; dans aucun pays, sauf la France, il n'y a assez de femmes, surtout le soir. Comme c'est l'Italie et dimanche : une musique, dernier vestige de ce baume appliqué si longtemps et avec tant d'efficacité par l'administration autrichienne sur tous les prurits d'indépendance ; enfin, trouant la nuit, une horloge lumineuse et des vélums couleur de chrome tendus entre les premiers étages, les étages nobles. À gauche, partent à fond de train deux rues riches mais déjà dépeuplées, blasées sur l'amère pacotille de ces emporiums helvétiques qui ont, depuis la guerre, envahi le pays. Mais à droite, où la rue est un plus obscur couloir, plutôt une fente, après d'humbles débuts, la lumière est plus chaude et plus âgée. Encouragement suprême, un carillon retentit : c'est le travail du piano mécanique.

On a raison de ne pas se coucher de bonne heure à Syracuse, où les coqs chantent sous les lits, où les chèvres broutent aux cinquièmes étages, sur les balcons, où les fromages sont cachés, comme les phallus du musée, dans des feuilles de vigne. « Il y a tant de fleurs ici, disent les gens, qu'elles se tuent » ; sans parler des nèfles, des kakis, des grenades, de tous ces fruits de l'arrière-automne, magnifiques et immangeables. Place de la Liberté, captive elle-même de ses bornes enchaînées, la prison dort, avec ses sentinelles fatiguées qui demandent l'heure aux passants. Les chambres et les boutiques s'ouvrent de plain-pied sur la rue, et l'on assiste à toutes les veilles et à tous les couchers ; les classes commerçantes attendent la fermeture, la tête dans les bras. De jeunes demoiselles reviennent de la musique, dans des robes de mousseline tendue, en sac à raisin. Des conscrits passent en se tenant par le bout de leur baïonnette. Par cette chaleur, des marrons sur la poêle. Et les Vierges victorieuses qui luisent au coin des rues — céleste retape — sous l'huile enflammée, éclatantes tumeurs. Autour des fraîches pissotières, alimentées par l'eau des monts d'Hybla, il y a autant de monde qu'autour de la fontaine d'Aréthuse ; mais non les papyrus, parasols chevelus.

Le bar est voûté et crépi à la chaux. Qui lutterait contre cette blancheur avivée par la lampe qui descend d'un fil ? Les complets de toile crayeuse, sur ce fond, cessent d'exister. On ne voit que les cheveux et les verres de vin noir qui font des trous dans le mur ; des festons sont peints sous lesquels deux femmes naïves, à la détrempe, s'affrontent avec des courges rigides qui obligent à la plaisanterie. Une affiche du Lloyd Sabaudo indique en gros caractères les quatre départs du mois pour l'Amérique, avec les tarifs d'émigration.

Des hommes dansent entre eux, car ici non plus il n'y a pas de femmes. Ils se présentent de flanc, les cheveux joints, en une sorte de marche qui rappelle la promenade des premiers tangos à figures. C'est la Jeunesse communiste qui célèbre sa victoire de l'après-midi dans le circuit cycliste Circum-Etna. Des maillots rouges, déteints sous les bras, et sur la poussière la trace des pneus roulés autour du corps. Quand on passe devant le piano, enluminé comme les voitures palermitaines, on fait avec son doigt un trou dans l'andrinople par où la valse s'échappe, ou encore on tire à soi le tapis en filament d'aloès. Il y a de grandes bourrades ; sans perdre la mesure, on se masse les poignets ; on s'amuse à se retourner les doigts, ou bien à sauter, soutenu par la taille, jusqu'aux mortadelles et autres chatteries pendues au plafond.

Sur la table, une coupe (800 % d'argent), qui est le Trophée.

Cinq cents kilomètres dans les jambes, et quelles montées, et cette farine sur la route, où un poulet à lui tout seul soulève autant de poudre qu'ailleurs un camion de sept tonnes, et ces dalles de lave qui cassent les reins. À grande multiplication à travers ces vignes — ou plus exactement cette vigne, car il n'en est qu'une seule, en festons, qui fait le tour de l'île —, à travers ces odeurs de figuier chaud et de gare qu'émet le volcan, depuis midi, et l'immense réverbération de la mer Ionienne, jusqu'à l'heure où les fumerolles soufre deviennent roses, éclairées à l'intérieur, et c'est l'Angélus.

Le classement par équipes assura par une avance de vingt-huit points la victoire à la Jeunesse communiste. La Pédale fasciste de Catane aurait dû gagner, disent les journaux du soir, sans cet accrochage douteux qui a laissé le favori étendu dans la poussière. Ignacio, de qui n'est-il pas favori ? Favori de ses camarades (une peau avec un semis de grains de beauté), ancien boy-scout communiste passé à l'ennemi, favori des soirées chaudes quand le volcan tire sur sa pipe, favori bronzé des pontons nautiques, des pêcheurs au trident, des baigneurs de nuit, des hivernants américains en tussor, des stewards en eaton blanc qui descendent, pendant les escales, aux terrasses des cafés, où éclatent les bombes siciliennes aux fruits.

Et maintenant, il s'agit de danser, de célébrer la victoire, de tuer cette fatigue qui rend les pieds bourbeux. Quant aux adversaires, qu'ils osent venir ! Afin de prouver qu'on les tient pour des femmes, on leur montrera les mains croisées, en forme de figue.

Sur le seuil de l'impasse Diodore, les exécuteurs se sont brusquement rangés. Ils viennent reprendre le Trophée. On ne peut pas les manquer avec leurs crinières à la mode, dressées en éventail, leurs chéchias et leurs chemises noires enfouies dans des culottes vertes coupe « ardito ». C'est le moment. Le factionnaire antifasciste dort sur sa mandoline. La Préfecture fulminera demain, et les journaux parleront « d'extermination illégale » ou « d'expédition punitive ». Il y a un feu de salve avec de vieux revolvers d'ordonnance ou des Colt 45. Il pleut du vitrage percé. Puis l'obscurité, dans laquelle le piano tombe mort avec un bruit de lustre qui s'abat, parmi les nuages de la poudre pourtant sans fumée et ces coups à bout portant qui laissent un goût de drap brûlé. Fuite des spectateurs. *Pericolo !*

JE BRÛLE MOSCOU

I

J'allais recevoir une récompense, et la plus douce, celle qu'on ne mérite pas. Je montais à la rencontre de l'amour. Je poussai la porte d'entrée, grasse de doigts, de la maison où habitait Vasilissa Abramovna, sans craindre le concierge — le concierge, dernier roi de France, qui, chez nous, est là pour donner sa réplique dans ces comédies simultanées que sont les immeubles de rapport —, et je gravis, à tâtons, les neuf étages qui me séparaient d'elle ; c'était encore beaucoup. L'escalier se présentait comme tout escalier russe depuis la nationalisation des immeubles, c'est-à-dire que le dernier coup de balai datait d'octobre 1917. À midi, il y faisait nuit. Mes pieds étaient lourds de leurs galoches et ma conscience des treize cents péchés qu'un homme, d'après les casuistes, peut commettre. Jamais mon cœur ne battrait pour elle comme pour toutes ces marches.

Vasilissa était une des jeunes femmes les plus en vue de Moscou, — où l'on s'arrange généralement pour n'être pas en vue. Dès mon arrivée à la gare, on s'était entremis pour que je devinsse amoureux d'elle et pas d'une autre. Une fois de plus j'obéissais. Chaque pays, comme chaque journée, est un cadeau ; il faut les prendre comme on les offre.

Vasilissa Abramovna était, bien entendu, au

rebours de sa renommée de femme étrange. Du titre de charmeuse, trop publiquement donné, quelle femme ne se trouverait abaissée ? Ce n'est pas qu'elle négligeât d'être folle — ici, comme ailleurs, certaines aiment ce qui leur va le plus mal —, mais elle l'était sans effronterie, avec de l'effacement et du respect pour l'austérité spartiate qui nous entourait. Je m'attendais à quelque chose de plus haut en couleur. Je fus charmé d'être déçu. Les événements n'avaient été pour elle ni un élargissement ni un trépas, et à ceux qui la fréquentaient elle continuait le don de sa souplesse et de sa douceur rudimentaires. Ce n'était pas quelqu'un de moderne. En des époques troublées, cela me parut plus précieux que tout. C'est à ce titre qu'elle constituait un « trésor national », un échantillon d'art qu'on devait retourner à la collectivité après s'en être servi. Je me plaisais à imaginer que, comme tel chanteur célèbre ou telle grande danseuse, le Prolétariat ne laisserait pas Vasilissa sortir volontiers de Russie sans qu'elle eût à fournir des otages en gage de son retour.

Ce fut aux courses, au Grand Derby Rouge, que je la connus, mais non que je la vis. Les réunions hippiques d'hiver ont coutume de finir dans la nuit, aux lumières, car il est difficile de faire sortir du lit les indolents sportsmen moscovites avant les premières heures de l'après-midi. Le starter venait de donner le signal du départ avec sa lanterne, comme un chef de gare, et s'enlevaient des nuées de corbeaux effarouchés. Les globes électriques n'éclairaient que la piste immaculée. Le ciel était lourd de gros nuages en pâtisserie qui passaient devant la lune. Il dégelait et, dans une continuité de roues — les courses étaient sur boggeys —, parmi les fumées des braseros, la neige, la boue et les cris, les jockeys vainqueurs se dégageaient déjà, poussant leurs chevaux dont les sabots aplatissaient une glace liquide.

Comme j'ai dit, je fis aveuglément confiance au gracieux intermédiaire qui m'avait conduit vers elle. J'ai nommé M. Ivan Moussine, le Maître des Grâces Rouges, un des rares ralliés, diplomate d'ancien régime, vain de sa jolie figure loyale, de ses manières choisies, et d'un affolant uniforme de fantaisie de l'Armée Rouge, de qui les étrangers trouvent volontiers la serviabilité sur leur chemin. C'est sur parole et sans bénéfice d'inventaire que je déclarai mes sentiments au sac étranglé à la taille, immobile dans des bottes de feutre ornées sur le devant de poils, casqué d'un cuir hermétique, clos par un foulard rouge autour du cou qui se trouvait devant moi, ce soir-là, au pesage, et n'était autre que Vasilissa Abramovna.

Ce n'est que le surlendemain, au Théâtre Baumberg, que je pus me répéter sans me mentir. Où être sincère, sinon dans un théâtre d'avant-garde ? La salle était bondée : les hommes en chandail, en chemise kaki et cravate noire, les femmes en blouses sombres. Toutes ces figures osseuses et trouées d'ombre ou rondes et vertes semblaient celles des Rembrandt, libérés de l'Ermitage à la faveur des journées d'Octobre.

C'était soir de première.

Je reconnus la loge de Vasilissa Abramovna, à son parfum, qui n'était que vanille.

Elle me présenta à ses invités : une petite fille aux nattes fermées par des rubans rouges, générale des pionniers du Caucase, un « Monsieur de Paris » qui vendait des tracteurs aux Tchouvaches avec une lettre d'Anatole France, un camarade à tête rasée et un officier mongol en toile cirée noire, qui venait de donner sa démission de Dieu vivant pour entrer au Parti et dont les cheveux repoussaient et atteignaient déjà trois centimètres. J'eus place contre elle et, tandis qu'elle m'expliquait ce que j'avais manqué de la pièce nouvelle, qui n'était autre, je m'en aperçus, que *La Dame aux camélias*, je pus la mieux regarder. Vasilissa était si indolente que, même debout, elle paraissait couchée. Comme certaines de ses sœurs d'Afrique, c'est au volume de ses chairs plutôt qu'aux traits qu'on la devinait juive. Bien qu'elle se dît communiste, et qu'elle sût à l'occasion réciter son catéchisme, elle avait peu de convictions politiques, tant sa peau apparaissait rose. Elle était d'un type si commun que chaque homme croyait l'avoir possédée : c'est sans doute ce qui lui valait de tous indulgence et sympathie.

La scène était divisée en plusieurs étages, et, par des escaliers extérieurs, les acteurs à pommettes sanglantes, aux yeux brûlés de kohl, couraient de l'un à l'autre, jouant et parlant avec frénésie et en même temps. Sous les cintres, dans une coupole d'or, était enfoncé, comme un personnage des mosaïques, un pianiste qui accompagnait de bruits les moments les plus pathétiques. Cette division du travail eût dû permettre que la pièce se terminât en peu de temps. Mais l'action rebondissait, polyplane, — et désormais très loin de ce que nous nommons *La Dame aux camélias*. Le père Duval, pour se consoler des frasques de son fils, décidait soudain d'aller chez les nègres. Il entrait à Tombouctou au milieu d'une grande fantasia. J'étais prêt à témoigner de mon amusement, mais je remarquai, pour la première fois, ce qui me frappa toujours, depuis, dans la Russie nouvelle, c'est que personne ne riait. Cela donnait aux foules, aux spectacles, à la rue, un malaise non dénué de grandeur.

Bientôt la pièce atteignit les frontières de l'expressionnisme. Tout le monde — acteurs et auteurs — avait travaillé dans la laideur et la violence, et le résultat était ce cauchemar-féerie. Dans la chambre de Marguerite Gautier, un âne entra et mangea toutes les fleurs qui étaient sur le lit mortuaire. Comme Armand Duval voulait le chasser, il se mit à ruer, lança un jet d'odeur et se réfugia dans les combles, près du pianiste, dont il brouta les cheveux.

Sans défaillance, la pièce entama sa cinquième heure...

À la fin de la représentation, Vasilissa Abramovna prit congé des camarades, déclina l'offre qui lui était faite d'un verre de thé dans le cabinet du directeur en l'honneur du jeune auteur M. Kœnigsberg et, en compagnie d'un ami communiste muet, mais visiblement amoureux, nous rentrâmes.

Cette nuit-là, il gelait dur. Je proposai une de ces autos américaines qui sont des épaves du butin de Mourmansk et coûtent une fortune. Mais sans doute pour ne pas attirer l'attention par des dépenses exagérées — qui reconnaîtra là les Russes ? — Vasilissa préféra rentrer à pied. Chacun de nous la prit par le bras.

Nous foulions une neige souillée, devenue une épaisse poussière jaune et glacée. Ce parfait au café ne cessa que sur la place Rouge. L'enceinte lombarde du Kremlin détachait ses créneaux à deux cornes, ses guettes, ses tours, au bas de riantes casernes — triomphe des Nicolas sur les Ivans —, ou sur les bulbes d'or et les faïences vertes des clochers, éclairés en dessous comme un acteur par la rampe. Dominant cette acropole italienne, un drapeau stimulé par un feu inférieur invisible lançait dans la nuit de silencieux et théâtraux coups de langue écarlate. Déjà nous dépassions le mausolée, lui-même drapé de rouge, de

Lénine dont une photographie agrandie de six mètres était collée sur la muraille. De chaque côté de l'entrée du tombeau, deux soldats veillaient, immobiles, droits comme aux éventaires des esturgeons gelés.

J'étais fier de mon nouveau bonnet d'astrakan gris, qui me donnait l'air d'un Nepman, d'un profiteur, et je proposai une visite au quartier tzigane. On me pria de parler bas. Mes compagnons se retournaient pour voir si nous n'étions pas suivis. Ils refusèrent, vu l'heure tardive et ces rues-là, disaient-ils, périlleuses. Comme j'insistais pour manger — car s'il y a des repas en Russie, il n'y a pas d'heure pour les repas —, le camarade en blouse noire qui nous accompagnait fut pris de panique. Il quitta sa figure d'apôtre et je vis ses yeux de bourreau. Un pur — ces Templiers — ne doit être vu à aucun prix surtout en compagnie de femmes ou d'étrangers dans des cabarets, et la censure interdit jusqu'au mot de fox-trot qui, là-bas, est synonyme de débauche capitaliste et occidentale.

S'étant enfui, sa serviette gonflée sous le bras, le compagnon nous avait laissés, tels qu'en nous-mêmes enfin une éternité de bonheur allait nous changer. Du coup, mon appétit tomba, ou fut remplacé par un autre. Je ramenai Vasilissa Abramovna chez elle. Nous hélâmes un traîneau. Sous la couverture de fourrure, ma jambe chevauchait les siennes. Je la soutenais par la taille, derrière le dos ultramarin du cocher, et nous glissions sans lumière et sans bruit sur le verglas qui craquait comme un gâteau glacé au sucre. Chacun a lu que le retour en troïka la nuit avec une Russe est un encouragement divin. Hélas ! les troïkas ont été rejoindre les promenades aux Îles, les eaux du Caucase, les baisemains après le repas et les uniformes du général Dourakine. Nous nous contentions d'un isvostchnik à deux roubles.

Claude Anet enseigne que les femmes russes se donnent tout d'abord ; les difficultés ne viennent qu'ensuite. On pouvait toujours commencer par le commencement. Je proposai « d'essayer nos âmes ». Je connaissais désormais le cœur slave et je ne redoutais aucune de ces contradictions qui sont pour le voyageur autant de merveilleuses surprises. J'embrassai Vasilissa Abramovna.

« Encore ? » fit-elle avec reproche, comme je revenais vers elle.

Sa bouche était tellement longue qu'un seul baiser n'en avait pu disposer. Je m'excusai :

« En Russie, les distances sont si grandes. »

Après ce baiser, ce qui sortit de ses lèvres fut un rendez-vous chez elle à sept heures du soir, le lendemain.

« Vous n'inviterez personne ?

— Je vous le promets », dit-elle.

Les tramways passaient sur la Tverskaïa avec de gros éclairs. Sous eux, la neige s'allumait en vert. Sur ces tramways étaient peintes des images révolutionnaires. On voyait un bateau noir avec les mots : *Lénine* éventrer l'océan : *Bourgeoisie*. L'air de cette ville sans fumées, air de glaciers, entrait sans efforts du thorax jusqu'au fond des poumons.

« En amour, n'est-ce pas, être français, c'est la moitié du chemin. J'adorerais les Français, si j'étais étrangère », dis-je.

(Nos pères se doutaient-ils qu'ils nous dotaient d'un tel instrument de propagande ?)

Je mis ma main dans le plus satiné des manchons.

« Comme vous êtes peu *développé* », répondit-elle.

II

Vasilissa Abramovna est favorisée. Dans un appartement spacieux et élégant, elle habite, à elle seule, une chambre de près de quatre mètres carrés, alors qu'à Moscou, la crise des logements oblige à n'accorder à chaque individu qu'un cubage d'air de deux mètres vingt. Toutes les maisons de bois ayant été utilisées comme combustible, a prévalu ce qu'on nomme le tassement. C'est pourquoi, dès l'antichambre, je trouvai dix-huit paires de bottes ou de galoches qui appartenaient aux divers locataires de cet étage. J'y ajoutai les miennes, ce qui fit, la chaleur aidant, une jolie mare ; et ma pelisse dans les bras de la bonne.

Par-dessus la cretonne en fleurs du paravent, je vois Vasilissa, ses yeux battus comme des anémones. Elle attend certainement l'amour. Elle finit sa toilette. Je me sens éloquent et bête à manger du foin. Je lui dis que j'ai eu des maîtresses avant elle, mais que je ne le ferai plus. C'est un moi-même tout neuf. Je ne reconnais pas les dettes des régimes disparus.

« Je n'aime pas les cadeaux », répond-elle, en se lavant les mains.

Elle me montre sa veste de cuir et une robe de laine pendues au garde-manger.

« Il ne vous reste plus qu'à me dire "que vous me guiderez dans le choix de mes toilettes" ou encore "que nous serons de loyaux associés" ; à m'appeler "chère amie" ; ce sera tout à fait bien. »

Elle ajoute :

« Je vous le disais bien ; vous appartenez à un pays "derriéré". »

Sur le fond uni du haut poêle de faïence, elle se

découpe avec dureté, comme ces bas-reliefs de Suze que déterrèrent MM. Dieulafoy.

« Vasilissa, ma cellule, je vous aime.

— Moi, je ne peux vous estimer. »

Je vais l'enlacer.

Sans bruit, comme un vol de vampire, la bonne est entrée. Si je ne me trompe, elle demande de l'argent. C'est une grosse fille avec une mèche sur le nez, comme les chevaux russes. Tandis que Vasilissa Abramovna disparaît derrière le paravent, je considère son logis. Meuble principal : un téléphone. Le téléphone joue un rôle immense depuis la Révolution. Il a remplacé le samovar, les icônes et les corbeaux apprivoisés. Il est commun. On l'emporte sans cesse à travers l'appartement pour l'usage des différents locataires. Il y a, sur une chaise basse, la cuvette avec l'eau dans laquelle elle vient de se laver les mains. Près du piano, debout, une bicyclette. Sur le piano, de la vaisselle, une table encerclée de tabourets ; par terre des livres ; beaucoup de malles ; un buste de Lénine.

La bonne est partie. On ne nous interrompra plus.

« Que pensez-vous de l'amour ?

— Le Mour, la police criminelle ?

— Non, l'amour.

— Je ne suis pas théoricienne. Voyez Lénine, page 1125, tome IX. »

Je comprends que Lénine, c'est Confucius.

« Sérieusement, si un étranger qui vous aime… »

La porte s'entrouvre. Personne n'entre. Vasilissa Abramovna répond à un interlocuteur invisible. J'entends qu'on lui demande appui auprès d'un personnage influent pour un passeport. Elle promet. Elle dit :

« Revenez me voir un autre jour. On vous fera un cochon de lait. »

Le téléphone sonne.

« Ici : 30-32-64.

— Je vous en prie...

— Je vous remercie. »

Tandis qu'elle répond (il s'agit de quelqu'un qui est à la recherche du numéro de téléphone de la sœur d'une amie) s'avance, sans avoir frappé, un grand individu, roux, délabré, l'air d'un réformé n° 2, la mâchoire dévorée par le scorbut, avec, lui aussi, sa serviette sous le bras. C'est un marchand clandestin. Il revend des dents en platine, des dents de mort. Il explique que les cercueils de Leningrad, soulevés par l'inondation, viennent de sortir d'eux-mêmes du cimetière et qu'il sont descendus jusqu'au golfe de Finlande, rendant leurs macchabées. Il fait fortune et veut que nous profitions de l'aubaine...

Vasilissa me caresse les joues.

« Je vous en prie, ne vous irritez pas. Il est si difficile d'être seuls. D'ailleurs pourquoi ? Une Russe n'a jamais songé à se contraindre devant autrui ?

— Je suis fatigué d'attendre. Donnez-moi ma rémunération pour surmenage. Vous ne voulez pas me répondre, Vasilissa ? Car vous comprenez fort bien. J'ai pris à tâche quelque chose de très précis...

— C'est très difficile. Il faut préparer cela longtemps à l'avance. Il faut payer le théâtre aux voisins, envoyer la bonne à son Syndicat...

— Et les cabinets particuliers ?

— Ils ne sont plus. On peut aller dans quelque bibliothèque, mais c'est très recherché. L'été, il y a les bois... mais vous arrivez à la mauvaise saison. »

La porte bat avec bruit. Entre un enfant âgé et déjà en ruine, petit Oriental plein d'insolence et d'humilité.

Sans s'excuser :

« Goldvasser, est-ce que Goldvasser viendra ?

— Oui, il rentrera dîner, répond Vasilissa Abramovna.

— J'entrais en passant. Alors, je l'attends.

— Si vous voulez. Asseyez-vous. Voici du thé. »

Avec ses mèches, son tablier sale sur un gros ventre de lapine, c'est encore la bonne. De nouveau, elle parle à l'oreille de sa camarade-maîtresse qui, de nouveau, lui donne de l'argent.

Par la fenêtre, je regarde la nuit tomber. Le ciel devient soudain plus clair que la terre. La nuit ici a ses façons « qui ne sont pas les nôtres ». De son neuvième étage jusqu'au mont des Moineaux, on voit Moscou, ville concentrique où l'étranger tourne en rond comme dans un cœur russe : gratte-ciel, coupoles d'or, croix grecques, chargées de chaînes, et la Moskova, dont les enfants, de leurs patins, biseautent la glace. Les doubles fenêtres mastiquées, bourrées de ouate, ne laissent passer aucun courant d'air, mais la neige est poussée horizontalement par un vent de Sibérie. Elle se colle aux arbres, aux façades et les double d'un trait blanc. Je suis bien. Il fait chaud comme au fond d'un lit.

Vasilissa prend les assiettes sur le piano, les couverts dans une malle, et met la table. Elle sort du chambertin du Caucase, des confitures et des petits pots en terre cuite, avec des raisins au vinaigre et des champignons au sucre. L'enfant adopté la regarde. Il a plus envie d'elle que de soupe. Il est jeune et flétri ; son nez et sa bouche sont de dix ans plus vieux que le reste de son visage. Il ne nous entend pas quand nous parlons français, mais je lis dans ses yeux qu'il a tout compris. D'ailleurs Vasilissa est si transparente, ce soir, qu'on peut en voir le filigrane. (Ce ne sont pas mes initiales.) Je ne peux m'empêcher de lui dire que je la sais aimée de deux hommes.

« De trois, répond-elle.

— Les hommes sont-ils pour vous un besoin ou une passion ? »

Fendant en deux cette conversation importante, entre comme chez lui un géant, une valise ronde à la main. Il se dirige, sans dire bonjour, derrière le paravent, se déshabille et se met debout, nu, dans la cuvette. Il laisse couler l'eau du samovar sur sa tête et sur son ventre.

« Vasilissa, vois ces puces ! Sans parler du reste ! Je ne serais pas surpris de ramener le typhus. J'ai lu mes poèmes hier, dans la synagogue de Minsk : voilà le résultat. »

Fort et nu comme ses images, c'est Mardochée Goldvasser, le poète rouge. Il a une figure de pugiliste — ces pugilistes juifs américains, nouveaux venus sur le ring —, figure ouverte et sympathique, une bouche fine et mauvaise, de la netteté dans les yeux et dans les gestes. Il est littérairement violent, d'un négligé recherché. On a vu déjà ce modèle dans Bloomsbury ou à la Rotonde. Goldvasser a publié vers 1914 des poèmes sous l'influence d'Apollinaire. Revenu de Suisse en Russie vers 1917, il s'est mis à écrire pour la propagande. Ses poèmes sont publiés en plusieurs couleurs avec des photographies découpées au milieu. On lui doit des pièces politiques, des chansons athées pour les enfants, des hymnes patriotiques, des odes aux engrais agricoles, des calligrammes en forme de marteau et de faucille, des réclames pour les industries d'État. Impitoyablement, il a mis en vers les chansons de marche de l'Armée Rouge, le Code nouveau, le prix des denrées, le système métrique pour les paysans, et les règlements d'usine. Il est actif, officiel, abondant.

C'est le premier Russe que je vois sourire, parler sans baisser la voix. On lui trouve un style original. Il fait ce qu'il faut pour cela. Il boxe les mots, emploie les calembours, les propos grossiers, les images populaires, les monologues de fou, le folklore, les patois paysans, les dialectes allogènes, l'argot des ateliers ; le tout, éclairé par-dessous d'une érudition forcenée. Plutôt qu'une invention profonde, c'est une remise au point, une projection sur les choses de *l'esprit moderne* qui les fait apparaître neuves. Il parle sans cesse de « redistribuer le passé ». Ainsi que beaucoup de jeunes Allemands et Russes, son admiration va à Maupassant.

« C'est un très grand écrivain, dit-il, mais naturellement pas d'aujourd'hui. Tout est à refaire. Aussi prends-je ses contes un à un pour les recommencer. »

Il rêve, puis :

« Maupassant... J'espère ne pas mourir comme lui... »

Goldvasser est trop artiste pour ne pas avoir sa névrose ; la sienne, c'est la peur des maladies ; sa phobie de la contamination est célèbre ; ce communiste nettoie les objets qu'il touche, stérilise son couvert, porte des gants de caoutchouc, ouvre les portes à une hauteur où personne ne pourra les atteindre. Ce n'est pas de la propreté, c'est de la prophylaxie. Hormis les mots et les idées, tout pour lui est contagieux.

C'est de loin qu'il interpelle l'enfant hérissé, au cou ganglionnaire, qui considère le glorieux écrivain avec des yeux de voleur à l'étalage.

« Comment t'appelles-tu, camarade ?

— Ioseph Antonovitch.

— D'où viens-tu ?

— D'Odessa.

— Tu nous apportes le choléra ?

— Presque. Je vous apporte des vers pour votre revue *Boudouchtcheie*, « L'Avenir ».

— Je ne publie que mes propres poèmes.

— Les miens valent les vôtres.

— Quel âge as-tu ?

— Quinze ans. Goldvasser, je suis venu vous vendre mes poèmes. Ils sont signés de mon nom de famille : Izraïloff.

— Tu peux te les mettre…

— Cinq roubles. Je vous les vends cinq roubles ! Laissez-moi seulement vous les lire. Je sais qu'ils vous plairont. Si vraiment vous ne les aimez pas, vous pourrez empocher les cinq roubles que voici. »

Le Petit Poucet d'Odessa croise ses bottes graisseuses, ouvre sa serviette et lit trois courts poèmes que je comprends mal, mais que je sens comiques, très précieux et assez subtils. Cela sort de ses dents à pépites d'or comme un bouquet de prestidigitateur.

Goldvasser est assez frappé. Carré dans son fauteuil comme un vieillard chargé d'honneurs — Voltaire à Ferney —, n'a-t-il pas trente-cinq ans ? — il se recueille.

« Tu as gagné. Voici cinq roubles pour tes poèmes. Ils ne sont pas aussi bons que tu crois, mais tu les dis comme un démon. Laisse-les-moi. Va-t'en. »

Je comprends peu à peu que Vasilissa et Goldvasser vivent ensemble, chez lequel des deux suis-je ? Tandis qu'il s'habille, elle lui annonce qu'il y a ce soir réunion du Comité de maison (c'est-à-dire du Soviet des locataires) ; qu'un inspecteur des Finances est venu l'interroger, ayant secrètement appris que Goldvasser s'était livré, la semaine précédente, à des dépenses exagérées. Qu'il s'attende à des surtaxes…

Lui, venimeux :

« C'est ton sale Coty qui en est la faute. Ta poudre de riz française à cent francs la boîte. »

Elle, dénigrante :

« Tu es fonctionnaire de quinzième classe. On t'a vu en smoking dans une ambassade ; tu as demandé un passeport pour Paris, mon cher. Cela se paie. »

Goldvasser sonne du poing sur le piano.

« Toutes les mêmes depuis que ça porte des pantalons et que ça se coupe les cheveux ! Pour elles, les hommes ne sont plus que des bouffons ? Cela nous apprendra à vivre selon la science ! »

Cependant un bortsch entrait et nous nous mîmes à table. Goldvasser se calma, tira son gobelet de sa poche, car il redoutait cela aussi.

Je sentais que je lui portais sur les nerfs.

« Vous faites une enquête ici ? me dit-il.

— Non.

— Vous venez demander l'avis de Vasilissa Abramovna sur les problèmes de l'heure ? En Russie, les enquêtes sont les bienvenues. Tenez, l'autre jour, j'ai imaginé une enquête auprès des fœtus. Cela a eu un grand succès. Savez-vous quels sont les desiderata du Syndicat des fœtus ? Il m'a été répondu : 1° un peu d'air, trop de tassement ; 2° trop d'obscurité. Ils exigent l'électrification comme toute la Russie. En troisième lieu, savez-vous contre quoi ils ont protesté ? Contre l'introduction de corps étrangers ! Vous reconnaîtrez bien là les Syndicats.

« Voilà. Assez mangé. Voulez-vous fumer ? Cigarettes d'État. Elles sont cartonnées comme jadis, mais le tabac n'a plus aucun goût et les Russes les fument désormais jusqu'au bout. Déchéance. »

La porte s'ouvre encore. Comment les gonds résisteront-ils ?

Vasilissa se lève.

« Je vous présente mon mari, Ben Moïsevitch. »

Je comprends enfin que ces gens habitent ensemble. Goldvasser, qui est le plus riche, fait vivre tout le monde. C'est le premier pays où je vois un poète payer pour les autres. Ben Moïsevitch embrasse sa femme, et, à la russe, embrasse Goldvasser sur la bouche. Il est sans âge, coagulé par le froid dans sa pelisse d'astrakan et sans cils derrière ses lunettes. Ce n'est que plus tard que je m'aperçois qu'il est jeune, jeune comme toute la Russie nouvelle, où les vieillards se volatilisent, où la vie active débute à dix-huit ans et voit son déclin vers la trentaine. Employé au C.D.V.L.M., au Trust des poissons d'eau douce, Moïsevitch sort de son bureau. C'est alors qu'il donne cours à ses démangeaisons d'apostolat. Flairant une victime, il s'assoit à mes côtés. Il me connaît et sait déjà que je suis chez lui, par des amis de la Sûreté générale qui le lui ont téléphoné.

Tandis qu'on recommence à dîner, tous deux nous nous mettons à converser en allemand. Ben Moïsevitch a vécu longtemps aux États-Unis. Il s'exprime en homme d'affaires américain, de façon brutale et directe.

« Camarade, bientôt la révolution en France ? Aimez-vous la Russie ?

— Passionnément. D'abord, c'est le seul pays où l'on ne chante jamais les *Bateliers de la Volga*.

— Moi, j'aime la France, grande par son génie.

— Qui admirez-vous le plus en France ?

— Poincaré. Homme de fer. Bismarck. Après les journées d'Octobre, toutes les missions alliées se sont enfuies. Seule la France a laissé ici des hommes. L'Allemagne, l'Italie, l'Angleterre, de petites natures... Elles ont expulsé le communisme au milieu de coliques affreuses. Mais vous ?

C'est la France qui doit nous dédommager des désillusions que nous vaut l'Occident. »

Je lui parle des Russes de Paris.

« Les Blancs ? Ils sont morts, camarade ; brûlés, des cadavres, comme nous disons ici ; des millions de cadavres.

— À propos de cadavres brûlés, interrompt Goldvasser, déjà un peu ivre, figurez-vous que l'on a voulu bâtir ici un four crématoire ; mais jamais on n'a pu obtenir la chaleur suffisante. On est tout juste parvenu à rôtir les corps ; alors on les a remis, rôtis, en bière. J'ai fait là-dessus un poème que je vous lirai.

— Ne m'interromps pas avec tes bobards. Nous causons sérieusement. Vous voulez comprendre la Russie moderne, camarade ? Voici. Comptez avec moi : Nous disons : trois millions de cadavres ; cent millions de paysans gavés de terres, pro-pri-é-taires, immobiles spectateurs ; la digestion du boa. Enfin, nous, les juifs, huit millions. Ukraine, Bessarabie, Turkestan, Boukharie. Les grands réservoirs à juifs du monde ont crevé. Nous avons coulé partout, ardents, intolérants, talmudiques. Ézéchiel a dit : *"Vous vivrez dans des maisons que vous n'aurez pas bâties, vous boirez à des citernes que vous n'aurez pas creusées."* Ces maisons, ces citernes, les voici. Il n'y a qu'un continent de plus, le plus grand laboratoire du monde, c'est la Terre promise ; c'est l'Eurasie. Le mot a fait fortune.

— Il est de moi », interrompt Goldvasser.

Sur le flanc, ses cils blonds baissés, un énorme cochon de lait entra, dans un plat en terre cuite garni de pommes.

« Avez-vous une question à me poser ? me demande Ben Moïsevitch.

— Oui. Comment fait-on à Moscou pour être seul avec une femme ?

— Vous êtes amoureux ?

— Très amoureux.

— Eh bien, on l'épouse. Le divorce est très facile, mais le comble de l'habileté est de rester fiancés, afin de garder chacun son cubage d'air et sa part de chambre. N'oubliez pas que nous sommes ici sous la loi de Lycurgue. Lénine le rappelait souvent dans ses discours : travail et austérité. »

Vasilissa Abramovna qui ne mangeait pas par coquetterie (ne pas vouloir engraisser en des temps où l'on n'est pas sûr de manger tous les jours, c'est grande élégance) revenait d'un long entretien au téléphone. Elle intercède pour moi :

« Je vous en prie, c'est un Français. Il a les nerfs sensibles. Épargnez-lui la propagande.

— Sauf la vôtre », dis-je, à part, lui baisant la main.

Moïsevitch regarde son bracelet d'or et sort sans attendre la fin de son repas, emportant du caviar dans du pain et une pomme du Turkestan. Le C.D.M., le Comité de maison le réclame. La réunion de ce soir sera importante. Une question est à l'ordre du jour : quelles mesures prendre si les cabinets se trouvent bouchés ?

Il y aura des discours, suivis d'un vote qui peut faire échec au président du Comité, un communiste, mais haï. Moïsevitch brigue sa succession auprès du C.D.M. La place est recherchée car c'est là que les autorités municipales se documentent sur les locataires et on en tire bien des agréments. Être en bons termes avec son Comité est le premier devoir d'un Russe.

Goldvasser refuse de monter car il trouve qu'il y a trop d'enfants députés ; il craint la coqueluche. Nous laissant seuls, il s'étend sur le lit commun, emportant avec lui le téléphone, et déjà il ronfle avec des râles d'accouchée.

Un petit universitaire de l'Université de Tachkent prit sa place chaude. C'était un ami de Moïsevitch. En « pur », il était vêtu de cuir noir, chaussé de bottes ternes et coiffé, de côté, d'une casquette. On rapporta le bortsch. Il posa sa serviette sur sa chaise — qu'ont-ils donc tous dans leur serviette ? — et s'assit dessus pour se grandir. On le sentait élevé par son savoir et tout fier de n'être plus le pauvre juif boukhare à qui les Russes interdisaient l'usage du cheval, animal noble, et qui ne pouvait aller qu'à âne. Il déploya devant son assiette la *Pravda*, sans nous adresser la parole. Puis il demanda le téléphone. En mangeant, il tient le récepteur et sa figure est comme entre deux cuillers. Il ressemble à Lénine et en tire vanité. Je comprends qu'il dicte un cours du soir de propagande politique aux équipes de nuit des usines Dynamo.

Après avoir déclamé, il dévore ses choux rouges, sa bouche ouverte et ses yeux asiatiques fermés, et s'endort sur sa chaise, non sans avoir, par politesse, plusieurs fois roté.

L'heure avance.

« Je vois bien que nous ne serons plus seuls, Vasilissa Abramovna. Mais je suis tenace. Demain j'achèterai le portier de l'hôtel Savoy — celui qui a l'air d'un sénateur vénitien. Vous monterez dans ma chambre.

— Pourquoi ? N'est-on pas toujours assez isolé par l'amour même ? Qu'importe la maison ? »

Jusque-là, je ne lui en ai pas voulu de tous ces contretemps. Elle en était innocente, mais si elle se paie ma tête et veut me montrer dans les foires, il en sera autrement.

« Ce n'est pas une maison, ici, déclarai-je, c'est Guignol. Je n'ai jamais rien vu de plus comique.

— Vous êtes un ingrat. Comment croire en vous ? Je sais bien, comme on dit chez moi, que tous les cœurs tiennent en équilibre sur leur pointe...

— Vasilissa, ce n'est pas une question de sentiments. C'est une question de local. »

Elle soupira profondément :

« Les hommes ne pensent qu'à ça », dit-elle.

Chère phrase, qu'elles vous servent, cuite à point, dans tous les pays du monde.

Un adolescent parfaitement beau l'interrompt. Avec son profil grec et ses favoris anglais, il ressemble à un dieu de la Restauration. Il vient vers Vasilissa Abramovna et lui embrasse l'épaule avec tant de passion chaste, de tendresse contenue que j'en souffre. D'un mouvement de hanches ravissant, il se débarrasse de sa fourrure, la jetant sur le tas de pelisses qui est à la porte. À ses façons dansantes, à l'harmonie toute professionnelle de ses gestes, à ses bracelets et à l'heure tardive où il entre, je comprends qu'il est acteur et qu'il appartient à cette caste privilégiée, enfants chéris de cette Révolution — comme de toutes les autres. Sa belle peau blanchie et amollie par les fards, ses façons féminines, ses mains de vif-argent, ses chaussettes de soie rouge disent assez qu'il est aimé. Vasilissa l'écoute en silence. Boris Rodstein a la première place dans son cœur. Il est danseur au Grand Opéra, et parasite un peu partout.

Infatigablement, la bonne lui rapporte à dîner. Il parle beaucoup de ses succès, laisse croire à une haute naissance illégitime et tient sur Dzerjinski lui-même, le Saint-Just rouge, des propos libres, sans crainte des microphones.

Vasilissa Abramovna rentre la vodka d'État et sort, ce qu'elle n'avait fait pour aucun de nous, de la vodka à l'orange, achetée à un contrebandier arménien. (Parmi les signes extérieurs de la richesse, le boire et le manger sont les moins taxables, et l'on en profite. Que devenir, si l'on impose les bouches ?) Nous avions eu du caviar pressé, il en aura du frais. Je souffre plus encore. La vérité est sur mes yeux. Pourquoi faut-il que je sois entouré de victorieux et toujours, moi, remis à plus tard ?

Décidément, il règne sur cette possession en commun une sorte de bien-être inférieur, d'agrément trivial qui m'irritent. Cette vie aisée sous le signe du désordre, ces plaisirs et ces besoins mélangés, ce trust de l'amour, ce cartel conjugal et ses incommodités, hélas trop apparentes, la cynique dureté de cette lumière sous laquelle il me faut chômer en attendant mieux, remplit d'une amertume affreuse mon cœur, qui s'efforce encore à la courtoisie.

Voici Ben Moïsevitch.

Très agité, il fait tomber le paravent, ce qui réveille Goldvasser. Chute d'une pile de proclamations en majuscules rouges : *Il n'y a d'art que social*. La question des cabinets au C.D.M. a donné lieu à un vote de défiance, mais tout semble indiquer que lui, Moïsevitch ne sera pas élu. Son orgueil blessé lui vaut un état incroyable. L'intrigue a été menée à son insu, et, fait sans précédent, deux Russes sont candidats contre lui.

« Ces Russes se mettent partout », conclut Goldvasser, en pouffant.

Il ajoute :

« Dédommage-toi, camarade. Organisons un poker. »

Le poker a remplacé l'aristocratique *préférence*. Vasilissa Abramovna n'y prend pas part, mais repose près de nous, reportant sur chacun de nos jeux l'intérêt éprouvé pour nos quatre personnes. Elle est transparente d'aise de nous savoir ainsi tous à elle. Chacune de nos chances nous ressemble. Goldvasser se débrouille en vrai génie, avec des relances effarantes; Moïsevitch nous inonde d'un succès constant et curieux. Boris triche maladroitement avec les mains nerveuses et sa figure si belle soudain pleine de tics. Moi, en homme de l'Ouest, je joue mal; je suis mesquin, gagne-petit et furieux devant l'affabilité générale.

J'entends malgré moi les cris enroués des locomotives, les cloches de la gare célébrant, à défaut de l'arrivée de Dieu, le départ des hommes.

Je ne prête même plus attention à tous les personnages épisodiques qui continuent à s'introduire dans cette cage de mes amours envolées. Chacun d'eux emploie en entrant le même verbe russe — dont je comprends enfin tout le sens — « J'entre en passant ». On leur sert à tous à manger.

Je me souviens surtout d'une jeune femme laide et agile, qui ne dura qu'un instant. Elle desserra le fichu qu'elle portait autour de la tête (à Moscou le chapeau est assez mal vu) et déplia des cheveux blonds qui lui tombèrent jusqu'aux talons. Elle mit une glace entre ses genoux, se recoiffa et partit, disant : — « J'entrais en passant », sans que j'aie pu comprendre pourquoi elle monta neuf étages pour venir se coiffer ici.

Un marchand de préservatifs ne réussit qu'un moment à s'imposer. C'était avant l'aube, peu après un carré d'as. Il présenta une sorte de ludion enfermé dans un bocal, et jeta dans l'eau une poudre rose qui, soudain, l'habilla de bulles. C'était une prime que les immenses bénéfices réalisés, malgré le protectionnisme, par les préservatifs français, lui permettaient d'offrir à sa clientèle (chacun sait que nos produits sont très supérieurs à ceux que vend le Trust du Caoutchouc de Leningrad).

Vers six heures du matin, le samovar lance son jet et l'on nous sert du thé, naturellement dans ces verres brûlants qu'il est impossible de tenir à la main, depuis qu'il n'existe plus de ces petites armatures d'argent « qui sont considérées comme contre-révolutionnaires », dit Rodstein, en ricanant. Lui et moi n'avons plus un kopeck. Comme le numéraire est rare et que personne n'est plus en mesure de jouer à quitte ou double un beau palais de cinquante mètres de façade comme celui qui fut perdu au baccara en 1913 près de l'église de la Vierge du Don, — l'on donne des gages. Boris fut condamné à se tenir à genoux sur le piano, avec deux assiettes d'eau dans les mains ; quant à moi, on me mit autour du cou un cerceau de papier rose avec un trou pour passer la tête, sans lequel je m'engageai sur l'honneur à ne pas rentrer à la maison. Je me regardai dans la glace, et me trouvai l'air d'une pièce montée, encore plus gros et plus jaune avec cette collerette de clown. La colère que je ressentais ne me produisit aucun plaisir. Je brisai un vase. Ce geste, manifestation éclatante de ma fureur, fut considéré comme un signe de bonne humeur (les notes de restaurant ne portent-elles pas ici : *vaisselle cassée*, témoignage d'un heureux dîner ?). Je ramassai les fragments du vase et, ouvrant le vasistas, les jetai par la fenêtre. Automatiquement, deux minutes plus tard, soudain élevé à notre étage par le devoir comme par un ascenseur, un militionnaire ou agent de police, sa casquette rouge rabattue sur les oreilles, se présenta. Il perçut deux roubles pour jet d'ordures et détacha un reçu du carnet à souche. Moïsevitch, manquant de tact, exigea de payer, ce qui ajouta à ma confusion.

Indifférent, Goldvasser sentait venir, avec l'aube, l'inspiration. Il prit une feuille de papier et commença d'écrire.

Remarquant ma surexcitation, Moïsevitch

m'entraîne dans un coin obscur, comme si, dans ce cabinet noir, il voulait décacheter mon cœur. Il me regarde, afin de comprendre les mystères des nerfs occidentaux.

« Je vois, me dit-il, vous aimez. C'est l'initiation. Vous êtes heureux. Nous avons tous passé par là. Nous, nous ne sommes plus heureux car nous ne saignons plus. Goldvasser aime Vasilissa. Boris aussi aime Vasilissa et moi aussi et vous aussi. Avouez-le, et vous sentirez entre nous s'établir une trêve divine. Dès le moment où l'on avoue, au lieu d'être séparés, on devient frères. »

Vasilissa Abramovna pleurait, en l'écoutant.

Je regardai Moïsevitch au fond de ses yeux gras. Je regardai Goldvasser qui, dans cette obscurité, cette tabagie, s'était mis à un poème intitulé *Printemps*. Je regardai Boris, cet imbécile, à genoux sur le piano, avec ses assiettes pleines d'eau dans chaque main, qui pleurait aussi.

« Je vous hais tous !

— Il aime ! hurla Moïsevitch. Le Français aime Vasilissa ! Comme la neige confond chez nous le ciel et la terre, nous voici tous confondus. Son amour rejaillit sur nous et nous magnifie !

— Pas du tout, m'écriai-je. Ce qu'il y a de bon quand on aime une femme, même hypothéquée, c'est que cela sépare enfin de tous les hommes. »

Je pris mes snow-boots.

« Ne t'en va pas, criait Moïsevitch, le cœur déchiré. Je ne peux pas vivre sans qu'on m'aime. Moi aussi je veux être aimé ! »

III

Je sortis nu-tête, comme un fou. La neige tombait. Les rues étaient désertes, mais éclairées, toutes les boutiques allumées par crainte des voleurs, et l'on voyait les veilleurs écroulés dans leur sommeil, au milieu des marchandises. Derrière chaque vitrine, j'apercevais Lénine : Lénine en carton-bitume, sur fond d'usine, en veston de cuir, la main à la poche ; Lénine en buste, reproduction cireuse ; Lénine en photogravure, à la barbe dressée au milieu de rayons rouges en papier découpé ; Lénine bienveillant, façon bronze ; Lénine sombre en galvanoplastie ; Lénine calculateur, en aggloméré ; Lénine méprisant en papier lumineux. C'est prodigieux ce que la propagande peut rapetisser les grandes choses. J'enjambais cette populace de nuit qui dans toutes les villes se ressemble, née de l'ombre, des *storogi*, frères du sereno de Madrid, enveloppés de peaux de mouton, qui dormaient devant les portes. Un cocher sommeillait sur son traîneau, centaure aux jambes invisibles, de la neige plein la barbe. Je voulus me faire conduire. Il sourit et refusa, crachant sur moi ses graines de tournesol.

« Prends le second, camarade, fit quelqu'un. Le premier, c'est une statue équestre du Guépéou (Police politique). »

Mes nerfs fatigués, tendus, descendirent à un subconscient sans doute saturé déjà de propagandes excessives. Régicide, je montai debout dans un traîneau et m'écriai :

« À bas la Dictature ! Vive ma liberté ! »

Ma voix retentit dans la rue endormie.

Des têtes se montrèrent aux fenêtres. Des hommes, qui se rendaient à leur travail, me regardaient, s'assemblant.

« Frères, dis-je, dans mon parler russe hésitant, je vous annonce une ère meilleure. »

Il y eut un moment de stupeur. Seuls, les cochers, qui sont tous réactionnaires, ricanaient.

« C'est un malheureux », dit l'un d'eux.

On n'osait pas encore venir plus près. Je me regarde dans la glace d'une devanture. Encore moi; peut-être me détesterais-je moins si je n'étais forcé de me voir tous les jours? Et cependant, aujourd'hui, je ne me ressemble pas: les cheveux hérissés, la face très rouge et cette collerette de carton autour du cou. Derrière moi, je vois une femme, puis deux hommes s'avancer timidement. Je comprends que l'heure du châtiment est venue. Je me retourne, prêt à livrer un inutile combat.

« Voyez. C'est un pauvre fou, dit la femme.

— Un innocent », dit un autre.

Cela éclaira la situation. Loin de m'appréhender, ceux qui s'approchaient joignirent les mains.

« Bénis-nous », dirent-ils.

Dans la rue, le bruit se répandait que j'allais faire des miracles. Déjà on embrassait le bas de ma pelisse.

ÉLOGE DE LA MARQUISE DE BEAUSEMBLANT

Daphné se réveilla, par hasard, car la nuit en arrivant ne témoigne d'aucune de ces turbulences qui annoncent le jour. Il était sept heures du soir. Ce repos esthétique d'avant dîner, ce *beauty sleep*, formait partie de l'administration de son visage. Suivit une enquête, très poussée, sur son corps, couleur de cannelle, dans le miroir à trois faces.

Daphné croyait obéir librement à des lois particulières ; elle était régie au contraire, et plus que d'autres, par le commun. Une unité humaine, parmi les 1 660 000 000 qui peuplent le monde. C'était une jeune fille d'aujourd'hui, c'est-à-dire à peu près un jeune homme d'hier. Elle avait pris aux mâles leur vivacité, leur pétulance et faisait mentir l'histoire naturelle qui veut les femelles calmes, lourdes et stationnaires. Elle courait comme une folle à travers les verdures de la vingtième année, ce qui ne l'empêchait pas de s'étrangler au passage dans nos plus vieux nœuds coulants. L'argent (qui, suivant elle, libère de tout) la tenait pour le moment à sa merci et ne la lâchait plus. Jamais elle n'en avait eu. Aussi, en quelques mois, venait-elle, beauté de fraîche date, de passer par toutes les cérémonies inévitables : la 40 HP sans soupapes avec radiateur en platine, les chats persans, les trains bleus, les poulets Archiduc, les carrosseries en macassar et maroquin plein, les Van Dongen, les poissons chinois, les dahabiehs sur le Nil, le caviar frais, venu par avion, les Fragonard, les orchidées, les émaux du XIIe, le pied-à-terre dans les ruines d'Angkor, la fine Napoléon, les yachts en laque noir, les nécessaires en or, les robes de Patou, la « suite royale » à l'Excelsior-Lido, les mules en plumes de colibri, les commodes en galuchat, les orgues, les mahjongs en jade, les soleils de minuit, les baignoires en cristal de roche, les éditions des Fermiers Généraux, les montres taillées dans un solitaire, les jardins japonais, le couvre-pieds en chinchilla.

Ce soir-là Daphné s'habillait pour se rendre à l'Opéra, au bal du Grand Prix. La fête était dédiée aux ombres de Paul et Virginie. Dans l'espoir de plaire à J.-G. Domergue, elle mit une robe d'ananas avec cacatoès, disait-elle, stylisés. Puis elle passa dans la chambre d'Iris.

Iris était costumée en sauvage. Elle portait sur la tête un diadème de lianes électriques, dans l'espoir d'être remarquée de Beltran y Masses. Iris venait d'un État pluvieux du Centre-Ouest américain et d'une excellente famille démocrate, luthérienne et maçonnique ; depuis 1921, sa mauvaise réputation marchait à grandes journées, bien qu'elle eût été envoyée en France pour acquérir le fini français, ou *French polish* (c'est-à-dire que maintenant quand elle se prenait le pied dans un tapis, elle disait m...). Plus cet ange extravagant se conduisait mal, plus les puits de pétrole de sa dot augmentaient leur rendement, car le centre de la terre appartient au diable. C'est Iris qui aide Daphné dans sa lutte contre la pauvreté, avec le succès qu'on devine.

Assez échauffées par le vin et par les cris, serrées l'une contre l'autre, les deux femmes se promenaient dans les couloirs de l'Opéra. Une nourrice nègre patrouillait de-ci, de-là. À en juger par sa taille et sa démarche, ce devait être un homme et même un homme âgé.

Pour Daphné la récréation commença :

« Tu as vu le vieux en nourrice ? Si ça ne ferait pas mieux d'aller se mettre entre quatre planches ! »

Et elle montrait la figure recouverte d'une cagoule en jersey noir percée d'un trou rouge et de deux yeux blancs, enveloppée d'indienne écarlate, comme un étendard colonial.

« C'est sûrement un homme. Si nous le levions ? »

Elle s'élança :

« Eh ! Grand-père ! »

On ne parut pas prendre plaisir au jeu.

Alors, Iris, à son tour, se pendit au bras de la nourrice, criant, tandis que Daphné affirmait tout bas qu'elle avait des mœurs douces et mauvaises.

Devant cette opiniâtreté, le masque s'arrêta, et, les considérant :

« Je bénis un ciel qui m'offre de telles friandises, dit-il ; il m'est témoin que je n'ai rien fait pour les mériter. »

Sa voix était masculine, avec un léger accent germanique. À mesure que tous trois se tenaient assemblés, une entente — pour autrui illisible — s'établissait entre eux, qui leur semblait dépasser la simple indication d'un hasard. Il était une heure du matin. On décida de mordre à d'autres plaisirs. Iris proposa d'aller prendre le petit déjeuner au Mont-Saint-Michel. Daphné préférait les visions d'art chez Anthinéa. La nourrice fit une provision de silence.

« Voulez-vous simplement venir bavarder chez moi et goûter un peu de vin de Champagne ? »

Les deux amies s'attendaient à un taxi, ou à une six-cylindres ou à un fiacre à galerie, ou à l'autobus des théâtres, mais pas à cet étonnant petit coupé à un cheval de la fin du siècle dernier, au vernis craquelé, à l'intérieur capitonné, comme un pouf, de drap amarante. De tous ses ressorts condamnés, le véhicule s'enfonça dans des rues, emportant la Sauvage, la Négresse et la Corbeille d'ananas. Par les portières on voyait les Invalides, la Santé, dans une nuit de juin pleine de maladies et de passions. Çà et là, des ruines antiques. Les quartiers les plus connus de Paris s'étaient transportés à San Francisco, à Bagdad.

Le coupé s'arrêta dans une rue qui n'était pas sans analogie avec la rue Barbet-de-Jouy. Un mur de fausses pierres s'ouvrit sur un jardin. Après quelques pas sur le gravier et trois marches d'un perron, on entrait de plain-pied dans un hôtel ancien. Petit salon Second Empire à meubles noirs tendus d'un damas bleu électrique ; des années de *L'Illustration* reliées, sur une table italienne, comme un gâteau de marbres de diverses couleurs. Les murs étaient gainés de peluche framboise, ainsi que le plafond, où des plis froncés se rejoignaient en une rosace, avec un bouillonné au centre.

Iris et Daphné furent laissées seules un instant en face de deux tableaux à cadre Renaissance représentant une dame pensive sous un palmier, peinte par Dubufe, et, en vis-à-vis, un voltigeur de la Garde décoiffé par un ouragan post-romantique.

Une vieille gouvernante entra sur des semelles craquantes. Elle avait l'air d'un fantôme gazeux ;

sous une lampe Carcel verdâtre, elle déposa une bouteille, et sortit. Au même instant, une portière de Karamanie se souleva et une dame âgée, de stature élevée, apparut. Elle ressemblait à l'amiral de Coligny. Cheveux blancs, ruban noir au cou, dents admirables jadis, mais à l'ivoire jauni, des yeux bruns, pleins d'un feu qui n'acceptait pas de s'éteindre.

« Je fais moins triste mine ainsi, dit-elle. Voilà votre nourrice débarbouillée.

— Et moi qui vous avais prise pour un homme ! dit Daphné.

— Dans la famille de ma mère, nous avons tous des pieds carolingiens, expliqua la vieille dame. Cela peut tromper.

— Oh ! plaisant pays de France ! » Iris ajouta : « Madame, vous me faites penser à l'impératrice Tseu-hi. D'ailleurs, pour nous Américains, la France, c'est comme la Chine, une vieille terre qui nous pousse à nous mal conduire, qui a sa poésie, celle des ruines, et où nous sommes les maîtres. Je m'appelle Iris Sidedish. Et vous ? »

L'hôtesse, éludant la question, s'enfonça dans une bergère qui se dégonfla sans bruit sous son poids :

« Votre nom, mon enfant ? » fit-elle, s'adressant à Daphné avec autorité.

Celle-ci répondit qu'elle se nommait Daphné.

« Mais non, interrompit la vieille. Vous êtes une gentille Française ; votre vrai nom ?

— ... est Émilie Perrier », confessa Daphné.

Tout suivit, sans qu'on eût à solliciter :

« Je suis née rue de Rennes, au n° 117. Papa est professeur de seconde au lycée Musset. J'étudiais pour le brevet supérieur. Un soir, en 1921, à la fontaine Médicis, je rencontrai Olga Goldstein, de Bucarest, qui préparait le Conservatoire. Elle m'emmena dîner au buffet de la gare de Lyon.

C'est un magnifique salon, avec des plafonds peints à la main, représentant des dames dans des robes à tournure qui se jettent des hortensias. Nous prîmes après dîner le train pour l'Italie. J'ai eu vingt ans à Sorrente. En 1922, à Davos, la comtesse Ouffarine m'habilla en garçon, puis m'abandonna ; leçons de français à Fribourg. C'est la rançon des grands voyages. Janvier 1923 me retrouva rue de Rennes. On m'obligeait déjà à préparer Sèvres, lorsque j'ai rencontré Iris. Elle ne voulait pas coucher seule, car elle avait peur ; j'arrivais chaque nuit et, au matin, je partais pour mes cours, sans la réveiller. Un matin, je ne me levai pas ; elle m'installa dans sa vie. Vous voyez, j'ai beau être dans le Faubourg, avec vous je ne me cache pas. Dans un sens, c'est plus honnête qu'autrefois.

— C'est surtout plus commode.

— Que voulez-vous, je suis folle ; à ce titre, le Bon Dieu me prend sous sa protection.

— Vous n'êtes pas du tout folle.

— En tout cas, je n'ai pas peur et je n'ai plus honte. "Si tu te tiens mal, me disait ma mère, tu ne trouveras pas de mari." De toute façon je n'en aurais pas trouvé.

— C'est dommage. C'est pourtant bien ce qu'il vous fallait.

— Je n'aime que les femmes.

— Vous vous trompez absolument, fit la vieille avec courroux.

— Dites, madame, s'il n'est pas plus agréable pour Daphné qui possède un peu de ce qui fait les garçons et qui, de toute façon, n'a pas d'argent, de vivre avec quelqu'un de son âge et de son sexe, qu'avec un vieux colonel ou un industriel épais ? interrompit Iris.

— Vous, du moins, vous n'avez pas cette excuse. Pourquoi agissez-vous ainsi ?

— Parce que c'est la mode, répondit Iris.

— Triste époque, où les vices eux-mêmes, ce dernier refuge du vrai, sacrifient à la vanité ! Malheur à qui prostitue la plus belle chose du monde...

— Quelle est, madame, la plus belle chose du monde ? »

L'ancêtre outragée considéra sans indulgence Iris qui faisait un bruit affreux, à mâcher son *chewing-gum*, et renversa sa perruque blanche sur l'appui-tête en point de Venise :

« Je m'appelle la marquise de Beausemblant. Je suis hanovrienne, et française par mon mariage. Mon mari fut tué dans les guerres d'Afrique. Je ne me suis jamais confiée à personne. Croyez-moi : ce ne sont pas les tragédies qui donnent naissance aux confidentes, mais les confidentes qui provoquent les tragédies. Si je parle ce soir, c'est que j'ai sur le cœur des vérités que vous serez obligées d'entendre. Le commerce des vieilles ne va pas sans férule. Eh bien, oui, la plus belle chose du monde, c'est l'amour d'une femme pour une autre femme. Je garde ce secret-là depuis 1866. Regardez-moi bien. Jamais vous ne reverrez des vies comme la mienne. Je suis une mer fameuse en naufrages : passion, folie, drames, tout y est, mais tout est caché. Les grandes époques ce sont celles où l'argent, les plaisirs, la connaissance des belles et bonnes choses, tout est caché. Frédéric Loliée a bien écrit de moi que j'avais "la gorge libre de tout frein". Qu'en savait-il ? Au monde nos épaules tombantes, nos bras ronds, nos traits d'esprit, mais le reste ne lui appartenait pas. Aujourd'hui, c'est le bolchevisme des mœurs, le communisme de la peau. C'est pour cela qu'il n'y a plus — comme c'était frappant ce soir — de grandes beautés. Vous êtes à Paris des milliers de petites poules fardées qui se ressemblent toutes. Où sont mes belles amies, la princesse de Sélinonte, et Sophie de Canivet, et la comtesse de Saint-Prune, drapée dans le sombre velours des toiles de Cabanel ? Où sont les autres, les belles aventurières, ces Espagnoles, ces Savoyardes, ces Russes dont on pouvait tout dire, et même qu'elles avaient "un air à tout casser", sauf qu'elles étaient vulgaires? Lorsque je vous ai vues tout à l'heure, pendues à mon bras, si égales à tous les bonheurs, mais si incapables de les retenir, si négligées, si infidèles à notre tradition, le besoin m'est venu de vous dire tout ce que vous perdez en perdant la pudeur. Excusez-moi. Je veux votre bien, petites. J'ai toujours vécu pour les autres.

— Pas de doute, fit Iris.

— Si je vous harangue ce soir, c'est dans le vain espoir que vous retiendrez la leçon et la transmettrez à d'autres.

— Juste comme la famille et le Révérend Sidedish, le jour du Sabbat.

— Les passions sont belles autant qu'elles restent maudites et inavouables.

— Le romantisme éprouve l'Europe, grand-mère. Ne l'éprouve-t-il pas ?

— Depuis Éleusis, l'histoire nous passe sous silence : à peine des allusions voilées, et tout le secret de nos sœurs, avec elles descendu sous la terre ; mais oralement, d'adeptes en adeptes, continue de courir la bonne parole, une sorte de folklore féminin surgit autour de chaque civilisation, enseignant un plaisir parfait. Autrefois, ce n'était que peu à peu que nous nous repérions, que nous nous découvrions des goûts communs pour certaines sociétés, certaines fleurs, certaines musiques. Qu'eût-on dit de ces modernes raccrochages éhontés de filles aux cheveux coupés, ces accommodements violents d'animaux au hasard d'un fourré, ces plaisirs humés sur tous les divans ? Nous fussions mortes plutôt que d'admettre les hommes dans nos jeux. Nous risquions, avec quelle volupté ! la mort souvent, l'exil, le déshonneur… »

La marquise se tut. La nuit se délabrait. Iris et Daphné, chacune sur sa chaise, s'étaient endormies pendant le prêche. Le silence les réveilla. Daphné pensa qu'elle devait chercher à prendre poliment congé de Mme de Beausemblant.

« J'admire, madame ; vous êtes la grande tradition.

— C'est celle de Sapho, mon enfant. »

Iris, à son tour, se leva, décollant de dessous sa chaise sa gomme à mâcher.

« Si splendide d'être ici : on dirait une histoire de détective. Qui est Sapho ? »

La marquise les reconduisit jusqu'à sa voiture. Puis elle remonta le perron, pensive. Le jour déchirait maintenant les rideaux. C'était l'heure où chaque matin elle parvenait à dormir. La femme de chambre entra. Elle bassina le lit, dévêtit sa maîtresse.

« Donne-moi mon bonnet ; un livre. Des souvenirs d'autrefois… Tiens, celui-ci… Les Mémoires de Viel Castel. Je sonnerai aussitôt réveillée. »

Mme de Beausemblant ouvrit les Mémoires à la date du 16 octobre 1853. Elle mit ses lunettes et lut :

« *Mme la marquise de B…l…b…f et la comtesse de G…o…y scandalisent Dieppe par leurs façons. La princesse Mathilde prétend qu'elles se grisent, qu'elles cassent les carreaux, dansent le cancan, et telles autres débauches qu'elles font honte aux lorettes…* »

MADAME FREDDA

Daniel longea une rue transversale, à odeur d'imprimerie et de nouvelles à la main, et déboucha sur de la lumière. De la fosse aux souvenirs monta l'image du Paris de son enfance, quand l'on vendait jusqu'à l'heure du coucher, sous le gaz, des produits excellents dans des boutiques austères. Grâces intérieures, où êtes-vous ? Daniel marchait maintenant au milieu d'un bazar anonyme où la tension nerveuse des étalages modernes tombe d'un coup, vers six heures trente, comme une trêve, et fait place à une prostration qui permet au commerce de récupérer ses forces pour un lendemain d'airain. Il ne reste plus alors, sur les grands boulevards, qu'une agitation bicolore, entretenue par les agents en bourgeois, les provinciaux, les étrangers et les prostituées, sous la danse de Saint-Guy de la publicité intermittente.

Daniel sortait de son journal pour aller dîner. Il avait une figure fanée, une moustache noire à peine plus marquée qu'un sourcil, une canne en bois d'amourette, des gants de suède étroits et un joli nez fin, busqué et aventureux d'ancien Parisien. Il promenait un cœur plein de cicatrices sur cet asphalte où tout pousse et rien ne grandit. Ses amis du bar de la Paix étaient morts, ou tués ; les jeunes se haïssaient et faisaient une guerre de positions ; les vieux, qui avaient jadis leur table chez Larue, dînaient aujourd'hui chez eux d'un croissant ; le prix d'un premier-Paris n'avait pas doublé. Lui, à quarante-cinq ans, restait un agréable rhéteur et un journaliste d'opposition. Il continuait de cingler les gens en place, chaque matin, avec des mots en plein fouet qui n'effrayaient plus personne, tant les peaux sont devenues dures.

Il se sentait le fils d'une France sous-alimentée, en proie aux maladies étrangères : pelade pâle des exils russes ; acide urique anglais ; eczéma périodique de l'émigration italienne ; taches suspectes d'origine roumaine ; colonies de furoncles américains ; suppuration levantine, et autres germes pondus entre le cuir et la chair des nations. Avec plus de fatalisme que d'humeur, il considérait tous ces nouveaux venus se chauffant à son soleil provençal, écrémant son lait picard, déménageant ses meubles angevins, crevant les routes basques, coupant les cheveux des Gauloises en servitude, dépréciant sa monnaie et le traquant jusque dans son atelier qu'il était obligé de sous-louer meublé. Au fond, il ne leur en voulait que de déformer sa langue maternelle et de vider les dernières vraies bouteilles. Avec la plus vive curiosité, il observait cette aventure française, cette vivante anecdote, absolument nouvelle dans l'histoire, d'un pays victime des agréments qu'il a su se créer et de la convoitise universelle. Il y avait bien eu des migrations de races, des confiscations politiques de nations, des anéantissements militaires, mais jamais ce spectacle d'un peuple disparaissant soudain dans son propre sol, comme par une trappe. « Von Kluck a réussi, se disait Daniel, Paris est bien cerné, et pris. »

Il errait sur le trottoir comme une chèvre d'Hubert Robert dans les pierres d'une Rome ruineuse. Son article de demain aurait pour en-tête : *Væ victoribus*. Cela pourrait commencer ainsi : « Pourquoi, dans une France anémiée, ne pas choisir des globules germaniques ou anglo-saxons, pleins de courage et d'honneur ? Pourquoi l'ignorance des pouvoirs publics laisse-t-elle de préférence verser aux veines de la patrie d'horribles mélanges latins, levantins ou nègres, en ouvrant aveuglément les frontières ? »

Comme il atteignait l'Olympia, il se vit dépassé par une dame assez épaisse, épaissie encore par un gros tissu en mousse verte, coiffée d'un chapeau tyrolien et chaussée de silencieuses semelles de *crêpe*. Elle se retourna vers Daniel, sans réussir à éveiller en lui une gourmandise généralement peu retenue ; il ne la trouva ni laide, ni jolie. Assez haute en couleur, avec une figure ronde qu'il oublia. Il descendit jusqu'à la Madeleine, pensant dîner chez lui ; mais à la vue du boulevard Malesherbes, triste comme un puisard, ainsi que tous les soirs, le cœur lui manqua. Il prit le parti de revenir sur ses pas et d'aller « manger un morceau » chez Maxim's. C'est alors qu'il s'aperçut que la dame le filait. À son tour, elle rebroussa chemin. Cela ne lui était jamais arrivé d'être suivi par une femme. Il la sentait derrière lui, qui observait sa façon de tenir sa canne et de poser le pied. Il fut coquet, remonta sa cravate, frotta ses souliers à son pantalon. Cette poursuite l'excitait. Il pensa qu'un jour viendra peut-être où les hommes ne pourront plus sortir seuls. Que lui voulait-on ? Depuis longtemps il avait dépassé la zone de chasse des professionnelles. Était-ce une provinciale perdue, une receleuse, un agent de police déguisé ? Avec horreur, il pensa à une femme de lettres qui profiterait de sa solitude pour lui proposer des contes. Il se résigna à subir « son vieux monsieur». Arrivé devant chez Maxim's, il eut peur qu'elle n'entrât derrière lui, et que, folle, elle ne se déshabillât. Alors il décida de remonter les Champs-Élysées.

«Monsieur, voulez-vous donc prendre la boisson?»

Daniel n'avait pas dépassé les chevaux de Marly qu'on l'abordait. Il prit entre deux doigts le bord de son veston et fit la pourchassée:

«Mais laissez-moi, madame. Vous voyez bien que je suis sage.

— Acceptez donc d'être avec moi à dîner. Vous me ferez séjouir.»

Elle parlait difficilement le français, apportant chaque mot, comme une grosse pierre, à l'édifice de la phrase.

«Je trouve donc que vous avez l'air d'un vrai Français, comme dans les pièces; toute la journée j'en ai cherché un et il ne m'est pas réussi. J'habite le Claridge's parce qu'on peut y avoir une chambre à un prix très réduçé. Donc venez.

— Je vous suis, madame, répondit Daniel, et puisse le romanesque de cette aventure m'en cacher les périls.»

Daniel pénétra dans le hall de l'hôtel qui, quand les rues devenaient noires, à son tour s'achalandait, incendié de vitrines comme des fours électriques où cuisaient les visons, les poupées, les billets de tombola, les Sung clair-de-lune et les chocolats à la liqueur. Après avoir cherché à s'enfuir, Daniel se résigna et descendit dans la fosse, au cabaret.

«Je me nomme Mme Fredda (contentez-vous de ce nom); je suis élévatrice de tulipes et d'oignons à fleurs. Arrivée ce matin même en avion, au Bourget, venant d'Amsterdam, pour acheter aux pépinières horticulturales français. Depuis la grande guerre, les Forces Centrales étaient fermées pour l'exportation ; mais tout d'un coup les voilà ouvertes et mes cultures m'ont été...

— ... raflées.

— Oui. Les Allemands sont venus avec tant d'argent pour repeupler en tulipes leurs jardins et leurs cimetières qu'il m'en résulte une grande source de revenus et de réjouissances pour moi. À mon tour je suis aux Français avec des offertes les plus avantageuses. Ce matin, à Versailles, les tulipes simples à floraison hâtive pour parterres, depuis le *duc* de *Tholl* jusqu'au type *Cottage*, valaient dix-huit francs les cent bulbes, c'est-à-dire la moitié de nos oignons à fleurs de Hollande ; après mon départ, monsieur, on en demandait cinquante francs.

— Admirons, dit Daniel avec le « fleuriste » des *Caractères*, ces "beaux vases" et ces "beaux calices" et ce qu'il va en coûter.

— Hautement excellent ! Il me fait séjouir, monsieur, que vous compreniez la tulipe. Je vous invite à venir voir mes variétés champion, mes bulbes pour carafe et, à la fin de l'hiver, mes supercultures. Une visite s'impose. Véritablement un tableau de beauté. C'était la cause que les familles augustes de la cour impériale de la Russie et de l'Autriche m'ont favorisée, toujours avec la même prédilection. En 1914, en l'honneur de Son Altesse le Prince Ferdinand de Cobourg, j'ai même donné un gala de nuit. Les Auer-Gaz luisaient sur les couleurs mixtes, sur les rouges, les mauves et violets simples des bulbes extra-choisis ; la musique militaire jouait ses rêveries et c'était une scène si bizarre que mes augustes hôtes ne pouvaient s'empêcher d'éclater en mots de surprise... »

Le dîner sombra bientôt dans une mer de liqueurs, qui se transformaient dans l'estomac en paysages or et rouge. Daniel, moins altéré, commençait à penser en lacets. Mme Fredda lui montra ses emplettes de la journée, de fausses perles de la rue de Rivoli, des livres curieux du Palais-Royal, des parfums, des attrapes gauloises — fausses morves en verre et bonbons pétomanes —, bref, tout ce qu'un étranger peut désirer à Paris. Daniel trouvait à la Hollandaise la peau saine et une poitrine difficilement ramenée à la raison. Il pensait aux canaux, aux prairies flottantes, aux toits pointus des moulins, aux digues, aux cavaliers de Frans Hals qui ont pour nez des jacinthes. Sous la table, on se montrait assoiffé d'idéal. Il laissa dire. Son hôtesse devenait écarlate foncé, fleur énorme recommandée pour le forçage hâtif.

Elle continua :

« Je n'étais pas venue en France depuis 1908, au Congrès des Narcisses, sous la présidence d'Excellence Fallières. Je repars demain. Je suis trop intéressée dans mon pays. Veuve, ma vie entre mes collections d'essais, mes serres et mon château disposée est. Je ne viendrai plus à Paris bien que ce soit une ville célèbrement éclairée et très vivement peuplée. Voici l'unique soirée que je dois passer ici. Je vous ai abordé, Monsieur le Joli, parce que je voudrais connaître l'amour avec un Français. Les Français ont, chez nous, une énorme réputation de raffinement extraordinaire. Chambre 221. Garçon, payer. »

Accablé de fatigue et de bienfaits, Daniel eut de la peine à contenir sa rage. Mais il appartenait à une génération désarmée devant les fleurs, devant l'Europe nouvelle, et qui n'a jamais su dire non.

LA CROISADE DES ENFANTS

I

Dans les faubourgs d'une petite ville du district de Bogodoukhov, à la tombée de la nuit, la Cadillac du soviet local s'arrêta. C'était le silence. Aucun tramway peint, à sujets rationalistes, ne parvenait jusque-là. Zigzaguant comme des ombres de chauve-souris à travers les arbres, des habitants de la banlieue rentraient chez eux en ski. Les isbas étaient si enfoncées dans la neige qu'on ne voyait plus leurs lumières et à peine leur toit. Entre elles, le Délégué hésitait, cherchant l'école.

Le Délégué ôta son bonnet d'astrakan, montrant une autre fourrure plus grasse et plus ratinée encore que la première, et entra par la cuisine où sans transition, après l'air glacé, vous étranglait une odeur d'étable et de cuir mouillé, dans une chaleur d'étuve. Une centaine de petites bottes, mâles et femelles, étaient rangées dans l'antichambre sous les touloupes et les peaux de mouton. Le Délégué ouvrit la porte de la salle d'études et reçut en pleine figure, dru comme un jet, les dernières paroles d'un hymne au Prolétariat, clamé par des voix sans mue. À droite étaient rangés les garçons, à gauche les filles. Soixante-dix figures rouges, avec des yeux qui brûlaient. Des corps turbulents, de dix à treize années environ, foulant aux pieds le vin nouveau. Têtes passées au rasoir, sauf quelques-unes d'un blond clair ; l'uniforme des pionniers : chemises kaki, vareuses bleues, cravates rouges. Sur la cloison en planches de l'École préparatoire d'application agricole se présentaient, entre d'ornementales branches de sapin à parfum de résine, les travaux pratiques des élèves de première année et des affiches de propagande pour l'enfance : on voyait un ouvrier briser à coups de pioche un calvaire, émiettant la Croix. Sur le tableau noir on lisait : « L'État seul possède. » « Les animaux n'ont pas de Dieu. » Et un bourgeois à sa potence.

Au-dessous du buste barbu de Marx, à la place d'honneur, se trouvait Pola, au garde-à-vous, en chandail rouge, ses cheveux courts dressés par l'indépendance. Au salut du Délégué, elle répondit d'égale à égal par le salut officiel, élevant le bras droit, car il est défendu aux pionniers, pour des raisons d'hygiène, de donner la main.

« Camarade, lui dit le Délégué, un « pur » avec une tignasse en comète, sa bouche se décousant soudain sous le poids d'un galimatias sourd, camarade, vos sentiments sont connus de l'U.R.S.S. ; vos notes sur l'A.C.V.T.H. et sur le T.E.M.O.V., votre enquête sur les coopératives enfantines, votre rapport sur la volaille du district de Bogodoukhov se sont imposés comme des modèles et témoignent de la confiance que l'on peut avoir en vous. Je viens vous annoncer qu'une mission importante vous est dévolue : vous allez vous rendre à l'Ouest, dans l'Union des Républiques soviétiques romanes, dans l'ancienne France, où une haute fonction administrative vous attend.

— Comme toujours aux ordres du Prolétariat, camarade », répondit Pola, que cette nouvelle ne surprit nullement.

Une heure plus tard, au milieu des acclamations, d'un roulement de tambour et des larmes, car elle était l'aînée de l'école — tous les garçons aimaient sa bouche rouge et sa jeune poitrine remueuse —, sa valise de bouleau à la main, Pola sortit. Elle embrassa les renards blancs rapportés l'été dernier de Sibérie, et, les yeux secs, dans la Cadillac qui démarra avec peine au milieu des vapeurs bleues de l'huile — car elle avait de la neige jusqu'aux essieux —, elle partit vers sa destinée occidentale.

II

Apportée de Suisse en 1917, dans une casquette, la révolution russe sut croître, puisque aujourd'hui cent trente millions d'hommes vivent à son ombre. Dans ce mol et merveilleux terreau russe, tout germe et pousse, sans saisons intermédiaires. Mais lorsque la dictature du Prolétariat s'étendit, peu après l'année 19..., sur toute l'Europe, la Révolution universelle se heurta à des civilisations d'autant plus dures qu'elles étaient plus vieilles. Après la terrible conflagration que l'on sait, l'Allemagne fut perforée.

Les troupes rouges entrèrent en France sans coup férir, la Provence, la Catalogne et la Bretagne étant devenues territoires autonomes, et Paris s'étant réveillé un matin aux mains des Kabyles de Levallois-Perret et des Polonais des Abattoirs. Mais pour la première fois il sembla que Moscou ne sût pas tirer parti de sa victoire. Ces conquérants, ces politiciens de dix-huit ans, ces généraux imberbes, arrivaient dans un pays raisonneur et formaliste, le plus vieux du monde. À des forces égales, ils se fussent volontiers heurtés. Mais nulle part ils ne les rencontrèrent. La jeunesse française, pendant quatre ans, avait été menée au combat de façon à ce qu'elle eût à n'en pas revenir; les enfants étaient si rares que des statistiques bolchevistes ne les eussent même pas mentionnés. Il ne restait, devant les troupes mongoles ou boukhares, que des vieux, et c'est contre eux justement que Moscou se trouvait sans armes.

Ils demeuraient les vrais maîtres du pays, imputrescibles dans leur scepticisme, leur sobriété, leur avarice, leur dureté envers eux-mêmes; qu'ils fussent jacobins ou conservateurs, ils s'abritaient dans les administrations, dans les fermes, dans leurs familles. La famille russe est madréporique: qu'une d'elles soit détachée et toutes descendent le courant; la famille française est d'une rigidité latine. C'était une guérilla de cellules qu'il eût fallu, pour les réduire, entamer, si loin des bases d'opération. Les rues, les soupes populaires, les hôpitaux, les états-majors rouges, étaient inondés de ces vieux messieurs en noir qui défendaient leur indépendance à coups de parapluie. Ils criaient, montraient leurs décorations, comme elles devenaient vertes, violettes ou rouges, grinchaient, demandaient des soins, refusaient l'instant d'après de prendre médecine, et usaient envers tout le monde d'une autorité qu'on n'avait aucun moyen de leur ôter, car ils se la conféraient à eux-mêmes. Les mettait-on en prison, ils se plaignaient que la soupe ne fût pas salée, leurs assiettes pas chaudes, qu'on eût changé leur rond de serviette; ou, passant d'un extrême à l'autre, disaient qu'ils avaient mangé du rat en 70 et qu'on «ne la leur ferait pas à l'oseille». À l'esprit nouveau, ils ne désobéissaient pas. Mais leur pessimisme était tel qu'ils décourageaient les plus ardents. Moscou essaya de les acheter: ils étaient incorruptibles; de les faire mourir: ils avaient passé l'âge des maladies et aucun châtiment n'avait d'effet sur leurs vieux os verticaux. On s'efforça d'effacer jusqu'au souvenir de toutes les institutions, presse, hautes banques, académies, ministères, dont ils étaient les têtes, mais ces têtes avaient trop longtemps vécu aux dépens des corps et pouvaient subsister sans eux — ils l'avaient éprouvé. Et que dire de leurs épouses ? Avec leurs lèvres serrées comme des bourses, leurs yeux de quatre-vingts ans, vivants et cruels, leurs mains rogneuses et dévotes, leurs quant-à-soi, leurs tisanes, le réalisme de leur esprit, leur savoir-faire juridique, leurs méchancetés articulées en un français parfait et glacial, elles menaient contre les libérateurs une sorte de grève perlée dans les omnibus, de cartel des commères dans les loges, et entretenaient toute une population dans la lutte pour ce qu'elles nommaient la raison et l'indépendance, c'est-à-dire des traditions de ménage et des recettes de cuisine ; quant à la liberté de la presse curieusement réclamée (les journaux français avaient cependant, à cette époque, la réputation d'être vendus à toute l'Europe), ce n'était que le droit à trouver le matin sur leur paillasson des imprimés pleins de rébus et de crimes. « Il est facile, a dit Lénine, de chasser la classe exploiteuse ; moins facile de l'empêcher de se reformer. »

À Moscou, on tint longuement conseil, puis on s'arrêta à une solution qui apparaîtra comme de bonne psychologie politique. Des informations parvenaient jusqu'en Russie, disant que la France n'était pas aussi complètement dépourvue qu'il semblait de gens jeunes, mais que ceux-ci avaient été contraints de se cacher et de vivre sous terre. C'est sur eux que la Révolution devait s'appuyer en leur redonnant confiance. Les Soviets avaient apporté en France, comme ailleurs, la lutte des classes ; ils la transformèrent en une lutte de générations.

C'est alors qu'on décida de livrer la France aux enfants, de refaire de ce pays rempli de spasmes secs et d'objets d'art inutiles un champ d'ébats, une nursery politique. Quelques jours suffirent pour qu'un jeune Arménien de huit ans fût nommé préfet du Nord ; un petit juif, Jack Kogan, âgé de dix ans, administrateur des Territoires de l'Est ; un bébé chinois, régent de la Banque de France. C'est à ce moment aussi que le Délégué vint, un soir d'hiver, en Cadillac, chercher Pola au fond de la petite ville du district de Bogodoukhov. Elle avait été nommée, par décret du Comité central, le matin même, gouverneur militaire de Touraine.

III

Pola a réquisitionné un château sur une hauteur, qui domine la vallée de l'Indre.

Elle se lève avec le jour. Si petite, ses épaules trouées de salières, dans l'immense lit d'apparat, gainé de damas jaune, des ex-marquis de R..., sorte de char à plumes pour les fêtes du sommeil. Si fraîche et avant l'eau, l'air d'être lavée.

Aux murs, en hauts caractères russes, épinglés, les commandements du Pionnier, entre une paire de skis inutiles.

1° penser à Lénine.

2° ne pas rester couchée.

3° se laver.

4° se brosser les dents.

5° faire son lit, etc.

Par la haute fenêtre Renaissance, Pola voit la photographie blanche de Lénine qui encercle tout le donjon comme un immense faux col, visible du viaduc. Comme pour les arrivées de courses cyclistes, entre les arbres dénudés qui descendent jusqu'au fond de la vallée, sont tendues des bandes de calicot rouge, avec les aphorismes les plus célèbres de Lénine.

Pola, mue encore par un rythme de vie écolière, se lève d'un bond, s'assied dans l'eau froide. Tandis qu'elle se lave, elle pense à son père, M. Judensohn. Elle revoit leur maison gluante des faubourgs perpendiculaires de Chicago, les serpentins bleus, ornements des cheminées pauvres, l'été, la soupe aux raclures et le réduit où M. Judensohn, courtier en diamants, rentrait le soir, harassé par sa journée passée debout ; près de lui, il déposait ses outils de travail, sa petite balance à carats et, dans un sac de serge verte, sa pince et ses loupes ; sous le traversin, les pierres sur papier et à défaut de passeport, refusé par l'Ambassade impériale, ses « documents » — il employait encore en yankee le mot russe.

Dès que les portes de la Russie avaient été ouvertes, ils avaient quitté Chicago et étaient rentrés par la Chine, enterrant à Vladivostok le grand-père à châle et à frisures. Que de changements en six ans ! Aujourd'hui, M. Judensohn était premier délégué politique aux armées du Caucase avec le grade de général, et Pola, après avoir fait en Russie ses classes : l'Embryon, le Petit Grain, les Pionniers, les Jeunesses communistes, se trouvait transportée toute seule ici, désormais maîtresse d'un pays inconnu.

Tout à coup Pola se rappelle son blessé.

La veille au soir, à minuit, à Tours, elle sortait d'un meeting du Cercle des Limonadiers — quelque chose sans doute comme le Cercle de la Noblesse à Moscou — et rentrait à son quartier général, lorsque la motocyclette rouge de la police politique qui la précédait avait heurté un homme qui resta étendu au milieu de la route avec un trou dans ses cheveux blancs. Il tenait à la main droite un bouquet de pétunias et de la gauche un parapluie, qu'il ne lâcha pas.

On s'arrêta.

« Ces vieux sont ingouvernables », dit Pola.

On l'avait cependant ramené et couché au château. Dès qu'habillée, Pola fit prendre de ses nouvelles. La blessure n'était pas grave. La tête bandée, le monsieur lui-même entra. Il trouva Pola assise par terre, parmi les papiers.

« Je vous demande pardon, mademoiselle, dit-il, de m'être trouvé hier soir sur votre route. Mais, de mon temps, à minuit, les enfants étaient couchés.

— Votre nom ?

— M. Garapain, ancien rentier.

— Comment se fait-il que vous n'ayez pas de fiche ?

— Je me cachais, ne faisant mes visites que la nuit. »

Il portait de grosses joues, jadis rondes, qui ne se fronçaient que sous le malheur mais étaient faites pour être portées déplissées, des maxillaires carrés de gourmet aujourd'hui sans emploi, une petite barbe aventureuse, démentie par un air doux et bon. Un vieux bébé. Drôle avec sa tête bandée ; ses habits, usés et souillés, avaient dû jadis coûter cher.

Pola chercha quelques mots à lui dire. Mais elle savait mal le français. Alors, avec l'accent du Middle West :

« *Speak English, old boss ?*

— *Yes, I do,* répondit M. Garapain (la Touraine aussi est une colonie anglaise...). À quoi jouez-vous toute seule, ajouta-t-il avec son air enfant, et dans les yeux l'envie de jouer, lui aussi.

— Je fais mes déportations », répondit Pola.

M. Garapain baissa la tête. Il était d'une génération futile, qui avait passé sa vie à s'amuser, à boire frais et à jouer aux cartes. Il comprenait sa faute, et que pour la payer, c'était les enfants, qui, aujourd'hui, devaient travailler. Il offrit de se rendre utile.

« Alors, classez-moi ces papiers, dit Pola. Corbeille de droite, radios de Moscou ; corbeille de gauche, expropriations ; le gros sac, près de la fenêtre : dénonciations. »

M. Garapain s'assit par terre et se mit au travail.

À midi, malgré la honte et la peur de son nouveau chef, mû par un réflexe provincial :

« J'ai faim », dit-il.

Pola le regarda avec mépris. Le premier repas était à cinq heures. M. Garapain se tut ; son accident l'avait affaibli. Il pleura. Pola leva les épaules et fit donner du lait au camarade.

IV

Consciencieusement, Pola applique à la Touraine toutes ses connaissances d'histoire naturelle de l'école des Pionniers. On lui avait appris à classer les animaux en espèces utiles et espèces nuisibles. Ainsi classa-t-elle les Tourangeaux. Les premiers furent tolérés, les autres, envoyés à Colomb-Béchar. Parmi les utiles, elle opéra, comme elle l'avait vu faire pour ses renards blancs, une sélection pour la reproduction. Il y eut des jours pour la promenade, pour la monte, pour le cinéma, pour la tonte. Elle dictait ses ordres en anglais. M. Garapain servait de traducteur.

Il était revenu tous les jours au gouvernement

militaire depuis son accident. Pola ne pouvait plus se passer de ce vieux si poli, si drôle. Elle apprenait à ce rentier de cinquante ans à travailler. M. Garapain apprenait à son chef à jouer. Pour elle, il retrouva son enfance, qu'il n'avait jamais quittée. D'abord, Pola est rebelle :

« Vous n'avez pas honte ? À votre âge, petit oncle. À quoi voulez-vous jouer ?

— À tout, "à la bêtise", comme disent les enfants.

— Si le Prolétariat nous voyait... »

M. Garapain, qui est d'une époque où l'on se cachait pour fumer, explique à Pola la joie de s'amuser en secret. Il découvre auprès de la serre un kiosque à verres de couleur losangés, où personne ne viendra les déranger. Pola apprend à jouer à chat perché, au chemin de fer. M. Garapain fait les signaux avec ses bras, Pola est la locomotive. Jamais il ne lui est arrivé de jouer. Sous d'impitoyables climats, elle n'a vu que de vrais naufrages, de vrais accidents de chemin de fer, de vrais gendarmes et voleurs. Elle découvre la douceur de la fiction et, pour la première fois, sa volonté s'assouplit. Elle connaît ce qu'aucun juif, même riche, n'a jamais connu : la douceur d'être détendue. Moscou appelle son représentant à l'appareil, mais Pola ne répond plus. Au fond du jardin — ou sous la table quand il pleut —, en compagnie de M. Garapain qu'elle ne quitte plus, elle s'amuse. Ne s'appliquant même plus à un jeu, elle s'amuse à crier, à tourner en rond, à clochepied, à devenir folle. Elle embrasse son vieil ami, lui prend son monocle, monte à cheval sur son cou. Dans le soleil, il fait bon de la voir, les yeux brillants. Sa peau se satine, elle grandit d'un an par jour, comme une Anglaise sous les tropiques...

Avril arrive. Il n'y a plus de réquisitions. Comme les fleurs, les prisons s'ouvrent. Tout le monde joue. Le vin sort des falaises crayeuses de la Loire, où, dans des trous, il se cachait. Pola ne buvait que de l'eau. M. Garapain lui enseigne le vouvray trouble, à goût de vert. Les soupes populaires ne vendent plus de soupe, mais des entremets. On apporte des camions de bonbons. La Touraine ne cessera plus d'être ce qu'elle est : la plus égoïste province du plus égoïste et du plus heureux des pays.

Les dénonciations ne tardèrent pas à affluer à Moscou. M. Garapain fut envoyé dans le Sud oranais. Le Comité central révoqua Pola et lui accorda un congé d'un an, car elle était enceinte.

Table

Composition réalisée par INTERLIGNE

IMPRIMÉ EN FRANCE PAR HÉRISSEY
N° d'imprimeur : 86196 - Dépôt légal Édit. 506-02/2000
LIBRAIRIE GÉNÉRALE FRANÇAISE - 43, quai de Grenelle - 75015 Paris.
ISBN : 2-253-93325-2 42/3325/0